Paris (1868) V. Van de Velde (10R)

MANUEL DU RELIEUR,

DANS TOUTES SES PARTIES.

PRÉCÉDÉ

DES ARTS DE L'ASSEMBLEUR, DE LA PLIEUSE, DE LA BROCHEUSE, ET SUIVI DES ARTS DU MARBREUR SUR TRANCHES, DU DOREUR SUR TRANCHES ET SUR CUIR, ET DU SATINEUR.

PAR L. SÉB. LE NORMAND,

Professeur de Technologie et des Sciences Physico-Chimiques appliquées aux Arts ; Rédacteur principal des *Annales de l'Industrie* ; l'un des colloborateurs du Dictionnaire Technologique ; Membre de plusieurs Sociétés savantes nationales et étrangères, etc., etc.

Avec un grand nombre de Figures.

PARIS,

RORET, LIBRAIRE, RUE HAUTEFEUILLE,

AU COIN DE LA RUE DU BATTOIR.

1827.

A MONSIEUR

BERTHE AINÉ,

RELIEUR A PARIS, RUE HAUTEFEUILLE,

N° 10.

MONSIEUR,

C'est à votre extrême complaisance, et à l'amour passionné que vous portez à l'état que vous exercez avec distinction, que je dois la connaissance parfaite de l'Art du Relieur que j'ai entrepris de décrire. En vous offrant la dédicace de cet ouvrage, je rapporte à sa source les leçons que j'y ai puisées.

Si tous les artistes vous ressemblaient, la France pourrait se flatter d'avoir bientôt une collection complète et exacte des arts et métiers, que les écrivains les plus distin-

gués n'obtiendront jamais, à moins qu'ils n'aient comme moi, le bonheur de rencontrer des artistes aussi communicatifs que vous l'avez été à mon égard. Vous avez exécuté devant moi, sans aucune restriction, toutes les manipulations de votre art, vous m'en avez expliqué toutes les parties, vous avez fait de moi un bon Relieur, en me donnant les moyens de transmettre vos leçons.

C'est au nom de l'industrie que je vous prie d'agréer les expressions de la plus vive reconnaissance

De votre très humble et très obéissant serviteur,

L. Seb. LE NORMAND.

PRÉFACE.

IL est étonnant que depuis la fin du siècle dernier, époque à laquelle les arts industriels, débarrassés de toutes les entraves qui les tenaient enchaînés, ont pris un élan inconcevable vers la perfection, il ne se soit rencontré aucun auteur qui ait cherché à décrire l'art du relieur, qui, comme tous les autres, est sorti de l'ornière dans laquelle il était retenu depuis un si grand nombre d'années. Lorsqu'on lit les ouvrages qui ont traité de la reliure, et qu'on en compare les procédés décrits avec ceux qu'on emploie aujourd'hui, on est surpris de l'étonnante rapidité avec laquelle les perfectionnemens se sont introduits dans un art qui fait le charme de notre vie.

Comme amateur, j'avais voulu, dans mon département, m'occuper de la reliure ; j'avais lu et étudié avec soin l'art du relieur par Dudin, le même art décrit par les auteurs du

Dictionnaire encyclopédique, et par ceux de l'*Encyclopédie méthodique* ; je me croyais très habile dans des manipulations qui faisaient mes délices ; mais lorsque je suis arrivé dans la Capitale, je me suis vu bien loin de ce que les bons relieurs y pratiquent. Je me suis procuré tous les ouvrages qui ont paru depuis ; je n'ai trouvé dans aucun des détails suffisans pour pouvoir les considérer comme des descriptions technologiques de cet art.

Celui de M. Lesné, intitulé *la Reliure, poëme didactique*, est plutôt une critique judicieuse des manipulations vicieuses introduites dans l'art dont il traite, qu'une description de cet art. L'histoire de la reliure y est tracée avec assez d'exactitude. Les deux Mémoires qui terminent son poëme sont spécialement destinés aux divers perfectionnemens qu'il propose d'introduire dans l'art qu'il exerce, pour donner aux reliures les trois qualités essentielles que tout connaisseur recherche, l'*élasticité*, la *solidité* et l'*élégance*.

M. Lesné prouve avec raison que les reliures hollandaises, reconnues pour être les plus élastiques et les plus solides, sont cousues sur des nerfs en parchemin, au lieu de ficelles que l'on emploie en France. Lorsque cette bande de parchemin est simple, elle ne présente pas assez de solidité, et si elle est doublée ou triplée, alors elle est trop saillante, et la reliure ne peut pas être à dos brisé. Pour remédier à cet inconvénient, il propose de se servir de cordonnets de soie qui, sous un plus petit diamètre, sont beaucoup plus forts que de la ficelle, double en grosseur; la reliure présente alors des nerfs, mais moins saillans.

Pour faire les reliures à dos brisés, sans gréquer les cahiers, il propose des lacets en soie, et il veut qu'on couse les cahiers avec de la soie; et qu'on les couse dans toute leur longueur, c'est-à-dire à un seul cahier. La soie étant beaucoup plus fine que le fil le plus fin qu'on puisse employer, n'occupera pas autant de place, et toutes les feuilles se trouveront parfaitement cousues; il en résultera une plus grande solidité pour l'ouvrage.

Quant aux reliures à dos brisé, jusqu'ici nos ouvriers n'avaient pu y parvenir qu'en gréquant les cahiers; mais cette méthode présente plusieurs inconvéniens; 1°. on est obligé de donner quelques coups de scie pour cacher les ficelles ; ces coups de scie se voient en ouvrant le volume, et elles retrécissent la marge du dos: 2°. le livre ne peut pas s'ouvrir en entier comme une brochure. En employant les lacets de soie, que l'auteur propose, et en cousant les cahiers dessus avec de la soie fine, on n'a pas besoin de donner des coups de scie, le nerf n'est pas apparent sur le dos, et les cahiers n'ont pas besoin d'être gréqués ; par cette raison les cahiers ne sont pas altérés. Un autre avantage qui résulte de cette manière d'opérer, c'est que, en ouvrant le volume, chaque cahier roule sur les lacets comme sur une charnière, et la marge intérieure est conservée dans toute sa largeur, ce qui donne beaucoup d'élasticité au volume, et il peut s'ouvrir comme une brochure.

Nous avons adopté parfaitement ces deux procédés. L'augmentation de prix qui en résultera pour la reliure est si minime, qu'elle ne doit pas arrêter l'amateur qui s'attache à la solidité.

Nous pensons aussi, comme lui, qu'on devrait substituer la colle forte à la colle de farine, qui se putréfie plus facilement que la première, et présente plus d'appât aux vers, surtout dans les dos des volumes.

Nous ne serions pas éloignés d'adopter le cuir pour les couvertures, en remplacement des cartons, si nous ne savions pas qu'on est parvenu à donner aux volumes l'odeur du cuir de Russie à toutes les substances qui peuvent servir à la couverture des livres, comme on le verra dans un appendice que nous avons placé à la fin de ce Manuel.

M. Mairet, relieur à Châtillon-sur-Seine, publia en 1824 un petit ouvrage sur la lithographie, dans lequel on trouve un essai sur la reliure ; nous y avons trouvé quelques bonnes recettes sur la marbrure sur tranches et sur la marbrure des couvertures. Tous ces procédés étaient connus et pratiqués depuis long-temps par M. Berthe aîné, qui n'avait aucune connaissance de cet ouvrage, et qui nous a communiqué tous ses cahiers sur lesquels nous les avons trouvés transcrits ; nous avons mis à profit tout ce que les divers auteurs qui nous ont précédé avaient publié de bon. Dans la description d'un art, le technologue doit s'attacher principalement à le faire connaitre tel qu'il se trouve au moment où il écrit.

Après cet exposé, il nous reste à dire un mot sur le plan que nous avons adopté.

Nous avons divisé le Manuel du Relieur en douze Sections, qui comprennent chacune un art particulier dépendant plus ou moins directement de l'art principal qui nous occupe, et qui, dans les villes où la librairie n'est pas exercée en grand, sont tous mis en pratique par le relieur : nous avons expliqué, dans l'introduction, les motifs qui nous ont portés à adopter cette division.

Les arts de l'Assembleur, de la Plieuse et de la Brocheuse, forment les trois premières Sections.

La Quatrième, qui est la plus longue, comprend seule l'art du Relieur proprement dit ; nous sommes entrés dans tous les détails des manipulations nécessaires pour mettre le lecteur en état d'exécuter lui-même sans aucune difficulté.

La Cinquième et la Sixième Section traitent de la Demi-reliure et du Cartonnage allemand, dit *à la Bradel*.

Dans la Septième, nous avons décrit l'art du Marbreur sur tranches et sur papier.

La Huitième traite de la Dorure sur tranches et sur cuir, de la Gaufrure et de toutes les parties qui s'y rattachent.

La Neuvième est consacrée à la Description des nombreuses figures que présentent les deux Planches.

La Dixième indique les Moyens d'enlever toutes les taches qui se rencontrent souvent sur les volumes qui sont donnés à l'ouvrier pour les relier.

La Onzième traite de la Reliure des registres et des gros livres d'église.

Dans la Douzième, nous avons traité du Satinage afin de ne rien laisser à désirer sur toutes les parties qui se rattachent à l'art du Relieur.

Dans un Appendice qui suit cette Section, nous avons annoncé une nouvelle découverte pour donner avec facilité, à tous les volumes, l'odeur du cuir de Russie, sans avoir besoin d'employer cette espèce de cuir.

Enfin, l'ouvrage est terminé par un Vocabulaire des mots techniques employés dans l'art du relieur.

Si nous avons atteint le but que nous nous sommes proposé, nous serons suffisamment récompensé des peines et des soins que nous nous sommes donnés. Nous avons la douce confiance de croire que nous n'avons rien négligé pour mettre cette description au niveau des perfectionnemens que l'art a obtenus jusqu'à ce jour.

MANUEL
DU RELIEUR,

DANS TOUTES SES PARTIES.

INTRODUCTION.

Dans Paris, où le commerce de la Librairie est d'une très grande importance, l'art du Relieur s'exerce indépendamment de plusieurs autres arts qui s'y rattachent, et qu'il est indispensable qu'un relieur des départemens connaisse, puisqu'il est presque toujours forcé de les exercer tous lui-même.

Il y a peu de villes en France, même du second ordre, où le commerce de la Librairie soit assez important pour entretenir des *Assembleurs*, des *Plieuses*, des *Brocheuses*, des *Marbreurs sur tranches*, des *Doreurs*, etc., uniquement destinés, pendant toute l'année, à ces sortes de travaux. Dans ces circonstances, qui se renouvellent tous les jours hors de Paris, le

Relieur est obligé de suppléer à tous ces divers ouvriers qu'il n'a pas sous la main, comme ses confrères de la Capitale, et d'entrer lui-même dans tous les détails que nécessite la reliure d'un volume exécutée de la manière que l'exige le libraire ou l'auteur qui en veut faire la vente ou la distribution.

Ce n'est donc pas pour les seuls ouvriers de Paris que nous avons entrepris la *Description de l'Art du Relieur* : ceux-ci y trouveront tout ce qui leur est nécessaire; mais nous avons voulu être utile en même temps à l'ouvrier le plus isolé, à l'amateur même qui a plaisir à s'occuper d'un art aussi intéressant et aussi amusant. Nous avons par conséquent pensé qu'il nous est indispensable de décrire tous les arts qui prêtent leur secours au relieur proprement dit, afin qu'il puisse confectionner lui seul en entier la reliure d'un livre, quel qu'il soit.

Nous regarderons donc toutes ces diverses manipulations comme faisant partie de l'art du relieur, et nous traiterons de chacune d'elles en particulier dans l'ordre selon lequel elles sont employées pour la reliure. Nous ferons cependant observer qu'un livre n'est pas toujours broché avant d'être relié , et qu'on peut, à la rigueur, le relier en le recevant en feuilles des mains de l'imprimeur, ce qui exige des précautions particulières que nous ferons connaître. Ces cas sont rares , car le libraire fabricant vend presque toujours ses livres brochés, et il est même nécessaire de ne pas les faire relier de suite après l'impression , ne serait-ce que pour donner à l'encre le temps de sécher afin qu'elle ne macule point pendant les opérations de la reliure.

On verra que nous donnons des moyens de remédier à cet inconvénient, mais c'est pour des cas très rares, car peu de relieurs sont décidés à suivre tous ces détails, à moins qu'ils ne soient dédommagés par la rétribution plus élevée qu'ils ont droit d'exiger.

Le lecteur qui, jusqu'ici, n'a connu que d'une manière bien imparfaite toutes les opérations que nécessite un volume pour être solidement et proprement relié, sera étonné que ces manipulations, toutes très importantes, puissent être faites au prix où on les obtient.

Nous avons souvent entendu dire à plusieurs personnes même instruites , qu'un volume n'avait pas besoin d'une si grande solidité, puisque pour une modique somme on peut s'en procurer un second exemplaire. Cela pourrait être vrai si l'on était sûr de pouvoir trouver cet exemplaire aussitôt qu'on en aurait besoin ; mais personne n'ignore que lorsque l'édition d'un ouvrage est épuisée, ce n'est que par hasard qu'on en rencontre un exemplaire à vendre. Il est donc important, quand les ouvrages son bons, et ce sont ceux-là précisément qu'on est jaloux de conserver, de les faire relier avec la plus grande solidité, afin de leur faire traverser des siècles sans qu'ils soient détériorés. Ces ouvrages augmentent chaque jour de prix, et la somme qu'on en retire par la suite, lorsqu'on veut s'en défaire, dédommage bien amplement de celle qu'on a été obligé d'avancer pour assurer leur conservation.

Nous n'entendons pas parler ici des reliures de luxe ; ce ne sont pas celles-là qui sont toujours les plus solides ; on sacrifie souvent la solidité au coup d'œil. On est séduit par un fleuron poussé avec délicatesse et avec goût ; par une gaufrure qui plaît, par une marbrure élégante sur la couverture ou sur la tranche, par de l'or répandu avec profusion sur la tranche, sur le dos et sur les plats : on ne s'occupe presque pas de la couture et de l'endossure, qui sont les parties les plus importantes de la reliure.

Lorsque vous ferez relier un volume, exigez de l'ouvrier qu'il mette tous ses soins pour donner à son travail toute la solidité dont il est capable, et soyez bien certain que si vous vous adressez à un ouvrier jaloux de sa réputation vous aurez lieu d'être satisfait. Sacrifiez une faible partie de ce que vous auriez donné pour orner inutilement votre volume, de ces décorations extérieures qui n'ajoutent rien à sa solidité, pour obtenir une reliure faite avec soin, et vous aurez dans une belle simplicité un volume qui passera à vos arrière-petits neveux, sans être déformé, et dont on leur offrira des sommes considérables. Nous avons vu vendre 3oo francs un volume, très rare à la vérité, dont la reliure était très bien conservée, et qui était imprimé depuis plus de deux cents ans : il n'avait pas coûté 6 francs d'achat. S'il eût été mal relié il aurait été détruit depuis long-temps, et notre siècle serait privé des choses admirables qu'il renferme.

On ne peut pas dire que l'art du relieur soit difficile à pratiquer ; mais on verra par les détails dans lesquels nous allons entrer, qu'il exige beaucoup de soins, de la propreté, du goût, et surtout un long exercice. Les ouvriers nous sauront gré d'avoir rassemblé dans ce petit ouvrage tout ce qui peut leur être utile pour arriver à la perfection. L'amateur pourra se livrer avec sécurité à son goût pour un art dont nous lui démontrerons tous les procédés usités parmi les bons ouvriers. Le bibliomane profitera des connaissances que nous lui communiquons pour exiger des relieurs qu'il emploiera, tous les moyens de perfection que nous avons eu soin de lui faire connaître, afin d'obtenir constamment la solidité dans ses ouvrages. Après avoir lu attentivement ce Manuel, il sera à même d'apprécier une bonne reliure et il n'en recevra jamais d'autre.

Nous n'entendons pas cependant exclure les belles reliures de luxe, puisque nous en faisons connaître les procédés ; mais nous nous attachons surtout à la solidité, que nous considérons comme ce qu'il y a de plus important dans la reliure.

PREMIÈRE SECTION.

DE L'ASSEMBLEUR.

Lorsque toutes les feuilles d'un ouvrage sont imprimées, et qu'elles sont bien sèches, l'imprimeur fait, de chacune d'elles, un paquet particulier plus ou moins considérable, selon que le tirage a été fait en plus ou moins grand nombre, et il livre tous ces paquets à *l'assembleur*. Celui-ci reçoit donc autant de paquets différens qu'il y a de feuilles dans chaque volume.

Cependant, comme tous les imprimeurs ne font pas sécher les feuilles dans leurs ateliers, et que la plupart même les envoient toutes mouillées chez l'assembleur, il est important de dire un mot sur le *séchage* de ces feuilles et sur la manière de s'y prendre, puisque cette opération entre dans les attributions de l'assembleur. Le séchage à l'imprimerie abrégerait l'ouvrage de l'assembleur s'il était fait par un ouvrier habile et bien exercé dans cette opération ; mais presque toujours cet ouvrage

est confié à des hommes de peine qui n'y connaissent rien, qui bouleversent les feuilles et
les rendent mal en ordre, de manière que le
travail de l'assembleur est plutôt augmenté
que diminué. Voici la manière dont s'y prend
un bon assembleur.

Avant d'étendre les feuilles imprimées sur
la corde, il faut les arranger sur la table dans
l'ordre convenable. On place d'abord la feuille
à plat, sur la table, de manière que la *signature*
touche la table sur la gauche de l'ouvrier, et
l'on dispose de la même manière toutes les
feuilles qui portent la même *signature* les
unes sur les autres. Alors l'ouvrier prend une
pincée de feuilles dont le nombre varie depuis
six jusqu'à vingt selon la température de l'é-
tendoir, le courant d'air plus ou moins rapide
qui y règne, et surtout selon que le papier est
trempé depuis plus ou moins long-temps.

L'ouvrier tire cette pincée un peu vers lui,
il pose dessus à plat, vers le milieu de la feuille,
le *ferlet* que quelques-uns nomment *éten-*
doir (1); il couche l'excédant de la feuille des-

____

(1) *Voyez*, pour tous les mots techniques, au *Voca-*
bulaire.

sus, et il pose cette première pincée sur la corde. On voit que par cette disposition, la signature se trouve en dehors, et l'on peut facilement la retrouver et la lire, si l'on en a besoin. Il faut avoir soin, lorsqu'on place les pincées sur la corde, de les faire chevaucher l'une sur l'autre, de sorte que la seconde chevauche d'un pouce au moins sur la première, de même que la troisième sur la seconde, ce qui facilite beaucoup le *relevage*.

Lorsqu'on est arrivé à la dernière pincée de la pile ou de la feuille dont on s'occupe, avant de la placer sur la corde, on la couvre d'une *maculature* qui indique la fin de chaque feuille, et annonce le commencement d'une autre. On distingue de la même manière les différens papiers, tels que le *papier fin*, le *papier vélin*, etc., par des maculatures d'une couleur ou d'une nature différente.

On doit avoir soin, lorsqu'on étend ces feuilles, de les bien redresser, et surtout de ne les point mêler, et de les tourner toutes dans le même sens.

Les imprimeurs qui ne font pas sécher les feuilles chez eux les envoient, immédiatement après le tirage, chez l'assembleur qui les dispose au séchage, comme nous l'avons dit.

Lorsque les feuilles sont sèches, l'ouvrier, avec le *ferlet*, fait glisser plusieurs pincées l'une sur l'autre pour en former une *poignée*, qu'il enlève et qu'il bat avec soin sur la table, afin de les bien égaliser. Il fait des *piles* séparées de toutes les feuilles du même ouvrage, ou du même volume de cet ouvrage, lorsqu'il en a plusieurs.

Les fonctions de *l'assembleur* consistent à mettre ces feuilles par ordre, en en prenant une de chaque paquet, et en en faisant des cahiers, qui tous ensemble forment un volume. Voici comment il s'y prend :

L'assembleur a une longue table sur laquelle il peut placer quinze paquets au plus. Si le volume a moins de quinze feuilles, il assemble tout d'un coup, c'est-à-dire dans une seule opération ; mais s'il y a plus de quinze feuilles, il assemble son volume en deux ou trois opérations de dix ou de quinze feuilles chacune, en ayant l'attention de les diviser en portions à peu près égales.

Supposons que le volume soit composé de trente feuilles : il place sur sa table les dix premiers paquets, selon l'ordre des *signatures,* en allant de gauche à droite, car il n'y a pas de gaucher dans cette partie du travail de l'assembleur. Il a soin, en outre, de placer la signature à sa gauche.

Alors il se met devant le premier paquet ; il appuie une main sur le milieu des feuilles, et avec le pouce de l'autre main qu'il a légèrement mouillé, il soulève l'angle de la première feuille au côté où est la signature, et transporte cette feuille sur le second paquet : il soulève de même la première feuille de ce paquet, et la transporte sur le troisième, où il prend encore une feuille, et il continue de même jusqu'à ce qu'il soit arrivé au dernier. Alors il enlève ces dix feuilles, et sur le bout de la table il les secoue, en les maniant entre les mains, dans tous les sens, afin de les bien égaliser, et il plie le cahier en deux dans le sens des pointures. Il met ce cahier à part.

Il recommence la même opération jusqu'à ce qu'il ait employé toutes les feuilles de ses dix tas. Il a soin de placer les cahiers les uns sur les autres, en formant un seul tas de toute cette première opération. Mais il doit faire deux observations importantes dans cette manipulation : 1°. De ne pas prendre plus d'une feuille à la fois sur chaque tas, parce qu'alors le volume aurait plusieurs feuilles de la même signature, ce qui décompléterait autant de volumes et occasionnerait des pertes au libraire.

2°. Lorsqu'il est à la fin de l'assemblage de ses dix paquets, et qu'une feuille lui manque, l'assembleur doit s'arrêter sur-le-champ et collationner de suite toutes les parties assemblées, afin de vérifier si par erreur il n'aurait pas levé à la fois plusieurs feuilles de la même signature. Lorsqu'il en trouve il les enlève de cette partie et les remet à leur place dans les parties où elles manquaient. Après cette vérification, il complète autant d'exemplaires qu'il aura trouvé de feuilles de trop.

Il plie ensuite séparément les feuilles de chaque signature dont l'ensemble ne pourrait pas former des volumes ; il les arrange par ordre les unes sur les autres, et en fait un paquet particulier. C'est là ce qu'on nomme *défets*.

Cette première opération terminée, il passe à la seconde, c'est-à-dire qu'il prend encore dix paquets qu'il arrange sur sa table dans le même ordre que dans la première opération, depuis la signature 11 jusqu'à la signature 20 inclusivement. Il fait des cahiers de chacune de ces dix nouvelles feuilles, dont il forme un second tas qu'il place à côté du premier; il fait aussi des cahiers des défets qu'il a et les place, en un second tas, à côté des premiers défets.

Pour la troisième opération, il agit comme dans les deux précédentes.

Beaucoup d'ouvriers assemblent à la poignée, jusqu'à la fin de l'assemblage qui est sur la table. Ils redressent bien leur papier en le battant sur la table; ensuite ils le prennent par *brassées* et le collationnent à la *pointe*, en ayant soin de séparer chaque partie en les faisant ressortir à droite et à gauche, afin de pouvoir les plier séparément, après les avoir collationnées. On appelle *assemblage à la française* cette manière d'opérer. On désigne sous le nom d'*assemblage à l'allemande* la première méthode que nous avons décrite; c'est la plus courte, la plus sûre et la meilleure.

Après avoir plié toutes les parties, on les place les unes sur les autres de dix en dix, en les tournant *barbes* et *dos*. On les empile ensuite afin d'affaisser le papier, ce qui fait beaucoup de bien à l'impression.

Quelques assembleurs, lorsqu'ils empilent,

placent vingt parties et même plus dans le même sens ; ils ont tort, cela n'est pas avantageux, les piles ne s'arrangent pas bien ; et lorsqu'ils *mettent par corps*, si une partie vient à manquer par erreur, ou pour avoir levé double, il est plus aisé de vérifier dix exemplaires que vingt.

Lorsqu'un ouvrage est tout-à-fait assemblé, fût-il en six, huit, dix ou vingt volumes, il faut le mettre en corps d'ouvrage, ce qui s'appelle *mettre par corps*.

On commence par poser sur la table la première partie du premier volume, toujours de gauche à droite ; et l'on place les autres parties à la suite les unes des autres, toujours vers la droite, et par ordre. On enlève un cahier à chaque petite pile. Comme les parties sont arrangées par dizaines, si un ouvrage est tiré à un nombre plus ou moins considérable, on double ou même on quadruple, s'il n'y a qu'un volume ; mais on tourne la barbe de cette double pile dans le sens contraire des premières parties. En tournant ainsi les mêmes parties qui forment l'ouvrage, on arrive à ce que les exemplaires se trouvent bien tournés toujours dos et barbes.

Lorsque les ouvrages sont entièrement assemblés et que l'on a livré aux brocheuses ou aux relieurs ceux dont on a besoin pour le moment, ce qui reste en magasin se met en paquets de piles, dans la proportion de six rames environ de papier carré. On place dessus et dessous du papier gris et une étiquette, et l'on corde fortement. Les ouvrages se conservent beaucoup mieux en paquets que s'ils restaient en piles dans les magasins, où ils sont sujets à se détériorer par mille accidens et à être salis par la poussière, etc.

L'assembleur doit surtout faire attention : 1°. Qu'il ne se soit pas glissé de fautes en réunissant les feuilles chez l'imprimeur après le séchage ; pour cela, il doit visiter avec soin la signature pour s'assurer que les feuilles se suivent. 2°. Si, à côté de la signature, il n'y a pas une *réclame* pour indiquer l'ouvrage, il doit jeter un coup d'œil sur le titre-courant, afin de s'assurer que la feuille qui aurait la signature convenable, appartient au même ouvrage. 3°. Si c'est un ouvrage en plusieurs volumes, on voit, sur la gauche de la *ligne de pied*, et à côté de la signature, qui est placée sur cette ligne à droite, un chiffre ou une réclame qui indique le volume ; par conséquent l'assembleur doit avoir toujours les yeux sur cette réclame, de sorte que, s'il assemble le premier volume, et qu'il trouve un autre chiffre, il doit mettre avec soin cette feuille à part.

Les planches s'assemblent de la même manière que les feuilles du texte ; mais on ne les assemble point en cahiers, on les met toutes les unes sur les autres, en suivant l'ordre des numéros, et en les séparant, volume par volume, par une bande de papier qu'on pose en travers sur chaque volume.

D'après ce qui vient d'être dit, on voit que les fonctions de l'assembleur sont très importantes, et que c'est presque toujours de lui que dépend le bon ou le mauvais arrangement des feuilles d'un livre, et que beaucoup d'erreurs, qui rendent souvent un ouvrage défectueux, peuvent lui être imputées. Il est donc indispensable de s'adresser à un ouvrier intelligent et jaloux de son ouvrage.

DEUXIÈME SECTION.

DE LA PLIEUSE.

LE travail de la *plieuse* n'est pas moins important que celui de l'*assembleur*. En effet, si cette ouvrière ne porte pas la plus grande attention à son ouvrage, il en résulte ces transpositions que l'on rencontre souvent, dans les brochures surtout, et qui arrêtent tout court le lecteur; ce qui présente un grand inconvénient à la lecture.

Au fur et à mesure que la plieuse travaille, elle doit examiner avec le plus grand soin s'il n'est pas échappé à l'assembleur quelques unes des erreurs que nous avons signalées dans la première Section. Pour cela, en pliant chaque feuille elle doit 1°. lire avec attention la signature, pour s'assurer que les feuilles se suivent dans l'ordre numérique ou dans l'ordre alphabétique. 2°. Si c'est un ouvrage qui n'a qu'un seul volume, elle doit jeter un coup d'œil sur le titre-courant, pour voir si les feuilles appartiennent toutes au même ouvrage. 3°. Si c'est un ouvrage qui a plusieurs volumes, elle doit aussi examiner la réclame qui est sur la gauche de la signature, sur la ligne de pied, et qui indique le volume, afin d'être assurée que toutes les feuilles appartiennent au volume dont elle s'occupe. Nous ne répéterons plus ces observations, qui sont communes à tous les ouvrages, et que nous supposons bien entendues.

Chaque format présente sur la même feuille un certain nombre de pages qui lui sont relatives, mais qui sont placées de manière que lorsque la feuille est bien pliée, les pages se suivent dans l'ordre numérique. Chaque format doit donc exiger un pliage particulier ; nous allons entrer dans tous les détails nécessaires pour décrire ces manipulations, en commençant par l'in-folio et descendant successivement à tous les formats les plus usités.

De l'in-folio. Ce format s'imprime de deux manières, ou en une seule feuille, comme le *Moniteur,* par exemple, ou en deux feuilles. Les journaux sont les seuls qu'on imprime à une feuille ; les autres ouvrages s'impriment à deux feuilles, c'est-à-dire que ces deux feuilles sont placées l'une dans l'autre, et forment un petit cahier de 8 pages. La première feuille porte pour signature A ou 1, sur le recto, et les chiffres de la pagination 1, 2, 7 et 8. La seconde feuille, qui s'intercalle dans la première, porte pour signature A 2, ou 1 : ou 1 .., et pour chiffres de la pagination 3, 4, 5 et 6.

La plieuse ouvre le cahier qu'elle a placé devant elle, de manière que les lettres soient à rebours, et les signatures du côté de la table à la droite en haut ; avec son plioir elle étend bien la feuille, et la prenant de la main gauche, par l'angle qui est à sa droite, elle plie la feuille selon les *pointures*, en ayant bien soin de placer les deux chiffres de la pagination l'un sur l'autre, et en passant rapidement le plioir sur le feuillet ainsi appliqué sur le premier, elle détermine le pli que doit conserver cette feuille, et la place à côté d'elle. Elle prend ensuite la seconde feuille, elle la plie avec le même soin, et l'intercalle dans la première, en observant que les signatures soient toujours l'une sur l'autre. Cette opération se nomme *encartation*, la feuille intercalaire s'appelle *encart*, et l'action se désigne par le mot *encarter*.

La plieuse forme donc ainsi des petits cahiers de deux feuilles, qu'elle place l'un sur l'autre au-devant d'elle, et au-dehors du cahier sur lequel elle travaille, en ayant soin de renverser le petit cahier de manière que la première page touche la table.

Lorsqu'on plie un in-folio imprimé à une seule feuille, tel qu'un journal quotidien, on suit la même marche, et la seule différence consiste en ce que l'on n'encarte aucune feuille, et que les feuilles sont toutes séparées.

De l'in-quarto. La plieuse, après avoir ouvert devant elle le paquet qu'elle a reçu de l'assembleur, de manière que les trous des pointures se trouvent dans une direction perpendiculaire au bord de la table devant laquelle elle est placée, passe dessus deux ou trois coups de plioir pour bien étendre les feuilles. (1)

La plieuse tourne le cahier de telle sorte que la bonne lettre, ou, ce qui est la même chose, la signature, soit à sa gauche, en haut,

---

(1) Cette opération étant commune à tous les formats, nous ne la reproduirons plus. Nous supposerons qu'elle est bien entendue.

la face contre la table, de sorte qu'elle voit devant elle et en travers les chiffres de pagination 2, 3, 7, 6. Elle plie d'abord, comme nous l'avons dit pour l'in-folio, la feuille selon la ligne des pointures, en ayant soin de placer la première lettre de la dernière ligne de la page 6, sur la dernière lettre de la dernière ligne de la page 7, si ces deux lignes sont pleines.

Il faut bien observer cependant qu'il peut arriver plusieurs cas; 1°. que la dernière ligne de la page 6 soit un commencement d'alinéa, alors comme le premier mot rentre dans la ligne, si elle se fixait sur cette première lettre elle plierait mal, et la page irait de travers. 2°. Cette page 6 peut finir un chapitre, et alors il y aurait un blanc qui ne pourrait pas la diriger. 3°. Que la dernière ligne de la page 7 ne soit pas pleine, ou qu'elle présente une lacune, parce qu'un chapitre se serait terminé avant la dernière ligne. Dans tous ces cas, la plieuse ne pouvant pas avoir recours aux chiffres de la pagination, parce qu'ils sont cachés, se guide, ou par des lignes supérieures, pourvu qu'elles ne soient pas trop rapprochées de la tête, ou bien par la justification, ou enfin par la vue, qui lui indique si la page est droite ou ne l'est pas. L'habitude la dirige mieux que toutes les règles que l'on pourrait prescrire. Nous ne répéterons plus cette observation, qui se renouvelle dans toutes les opérations du pliage.

Après avoir fixé le premier pli selon la ligne des pointures et sans déranger la feuille, elle la plie une seconde fois, en faisant tomber le chiffre 4 sur le chiffre 5, et elle le place au-devant ·d'elle, comme nous l'avons dit pour l'in-folio, le chiffre 1 sur la table. Elle forme ainsi autant de cahiers qu'il y a de feuilles; mais elle n'en *encarte* aucun.

Les journaux quotidiens in-quarto s'impriment par demi-feuille, alors on les plie comme nous l'avons indiqué pour l'in-folio. L'in-quarto s'imprime quelquefois oblong; dans ce cas, il se plie différemment. Le premier pli se fait sur la longueur du papier entre les têtes des pages, dans une ligne perpendiculaire à celle des pointures, et le second pli dans la ligne des pointures.

De l'in-octavo. La plieuse dispose sa feuille de manière que la signature se trouve à sa gauche en bas, la face contre la table. Alors elle voit devant elle, dans une ligne horizontale, dans le sens naturel, les chiffres 2, 15, 14, 3, et au-dessus, à rebours et dans le même ordre, c'est-à-dire en lisant de gauche à droite, les pages 7, 10, 11, 6. Elle plie suivant la ligne des pointures, en faisant tomber 3 sur 2, et 6 sur 7. Elle voit alors dans le sens naturel les chiffres 4 et 13, et à rebours 5 et 12; sans déranger la feuille, elle rabat de la main gauche le haut de la feuille sur la partie intérieure, en faisant bien tomber le chiffre 5 sur le 4; par ce moyen, 12 doit tomber sur 13 : elle s'aide de son plioir afin de ne pas faire de faux plis, en dirigeant le pli à l'endroit où il doit se trouver. La plieuse en use ainsi dans toutes ses opérations. La feuille pliée de cette manière, l'ouvrière voit les pages 8 et 9; alors elle prend avec la main gauche la feuille au chiffre 9, elle le place sur le chiffre 8 et forme le troisième pli, en l'assujettissant avec le plioir.

On imprime quelquefois l'in-octavo par demi-feuille; alors on fait de chaque feuille deux cahiers : on coupe chaque feuille dans la ligne des pointures, ce qui fait deux demi-feuilles qu'on plie séparément, comme nous l'avons indiqué pour l'in-quarto. On imprime aussi quelquefois l'in-octavo oblong ; alors le premier pli se fait par son milieu dans la ligne des pointures ; le second, dans le même sens, entre les têtes des pages ; et le troisième, sur la longueur du papier.

De l'in-douze. Jusqu'ici la plieuse n'a eu besoin de couper aucune bande de sa feuille pour la plier ; mais pour ce format et les suivans, cette mesure est presque toujours indispensable.

La feuille in-douze contient 24 pages ou 12 feuillets. Il n'a pas été possible, en l'imprimant, de disposer les pages de manière que, par de simples plis, comme on le fait pour l'in-octavo, on puisse plier la feuille en entier. On est donc obligé de couper une bande qui contient huit pages, de la plier à part, et d'en former un cahier qu'on appelle *feuilleton.* Le restant de la feuille se plie comme l'in-octavo, et forme un second cahier qui contient 16 pages, et qu'on nomme *gros cahier.*

Il y a deux manières d'imposer la feuille in-douze : ou bien le petit cahier doit être encarté dans le gros, ou il doit former un cahier à part ; la signature indique toujours cette disposition. Lorsque le cahier doit être encarté, la signature qui se trouve au bas de la 17ᵉ page est la même que celle qui se trouve à la 1ʳᵉ page du gros cahier ; elle est seulement différenciée par des points ou une étoile, de sorte que si la signature est 1, l'encart porte 1 : ou 1* ; si la signature est A, l'encart porte A1, et ainsi de suite.

Lorsque le cahier ne doit pas être encarté, chaque cahier porte une signature différente, et selon l'ordre numérique ou alphabétique ; ainsi le gros cahier de la 1ʳᵉ feuille porte 1 ou A, et le petit cahier de la même feuille porte 2 ou B. Le volume a, par conséquent, le double de cahiers qu'il n'a de feuilles ; c'est ce qu'on appelle *mettre le feuilleton en dehors*.

La plieuse, après avoir ouvert son cahier devant elle, de manière que la signature soit en haut, la face contre la table, et qu'elle voie en travers devant elle les pages 2, 7, 11 ; 23, 18, 14 ; 22, 19, 15 ; 3, 6, 10, aperçoit sur la droite les pages 11, 14, 15, 10, séparées des autres huit pages à la gauche par une grande marge, au milieu de laquelle sont ou des pointures, ou mieux des lignes droites imprimées qui indiquent l'endroit où l'on doit couper. Elle plie la feuille selon ces traits, ou selon les pointures, et elle détache cette bande, qu'elle plie en plaçant 11 sur 10; elle fait un pli, puis elle place 13 sur 12; et alors la signature qui est à la page 9 se trouve en dehors : son encart est plié.

Ensuite elle revient au restant de la feuille qui doit former son gros cahier; elle prend de la main gauche la partie inférieure de la feuille, en plaçant 3 sur 2, et 6 sur 7; elle plie. Elle fait un second pli en mettant 20 sur 21 et 5 sur 4. Enfin, elle forme un troisième pli en mettant 8 sur 17, et son gros cahier est plié, la signature en dessus; elle encarte le petit cahier, et sa feuille est pliée.

Lorsque la feuille d'impression est disposée de manière que le feuilleton ne s'encarte pas, c'est-à-dire que le petit cahier se place à la suite du gros, les chiffres qui indiquent la pagination ne sont plus disposés dans le même ordre que dans le cas précédent. On place la feuille sur la table de la même manière que nous l'avons dit; on coupe le feuilleton que l'on plie en deux fois, d'abord par le milieu, puis encore dans le milieu, en observant de mettre la signature en dehors; on le met à part, et de suite on plie le gros cahier.

Ce cahier se plie de la même manière que la feuille dans laquelle le petit cahier doit être encarté. On plie 1°. 3 sur 2, et 6 sur 7; 2°. 12 sur 13, et 5 sur 4; et 3°. enfin, 8 sur 9, et la feuille est pliée. On met en tas ce gros cahier et le petit dessus.

L'in-douze s'imprime quelquefois en format oblong; alors on coupe la bande dans la longueur du papier, et non dans sa largeur, comme dans les exemples précédens : la coupure est toujours indiquée par des traits imprimés. Elle se plie de même que nous l'avons indiqué, et le gros cahier se plie comme l'in-octavo; le petit cahier s'encarte ou ne s'encarte pas, selon que l'indique la signature.

De l'in-seize. Ce format s'imprime toujours par demi-feuille, c'est à-dire que chaque feuille contient deux fois le même texte. La moitié de la feuille sert pour un exemplaire, et l'autre moitié sert pour un autre exemplaire du même ouvrage. Chaque demi-feuille se plie séparément comme dans l'in-octavo, et l'on en fait deux tas séparés, de sorte que, lorsqu'on a plié la dernière feuille, on a deux exemplaires pour un.

De l'in dix-huit. La feuille de l'in-dix-huit est

formée de trois cahiers, composés chacun d'un gros cahier de huit pages, et d'un encart de quatre pages. La feuille bien étendue, la signature en haut, à droite, la face contre la table, on plie la bande de la main droite sur celle du milieu, dans le sens de la ligne perpendiculaire au bord de la table devant laquelle on se trouve placé, en faisant tomber les chiffres 2, 3 et 7 sur les chiffres 23, 22 et 18, ce qui met à découvert la signature et la réclame de la page 12 ; on coupe cette bande, et on la met à part sur la table, la signature en dessus.

On plie de même la bande du milieu, en faisant tomber les chiffres 14, 15, 19 sur ceux des pages 35, 34, 30 ; alors on aperçoit la seconde signature 2 ou B ; on coupe encore cette bande, et, par ce moyen, la feuille est partagée en trois bandes égales. On place la bande qui porte la seconde signature sur la première, et la troisième sur la seconde, la signature en dessus. On prend les trois bandes à la fois, on les porte devant soi, en les renversant sens dessus dessous, de sorte que les signatures sont du côté de la table, à gauche. On coupe l'encart selon la ligne tracée, on le plie la si-

gnature en dehors ; on plie le restant en deux ,
en ramenant les deux pages à droite sur les
deux pages à gauche , les chiffres les uns sur
les autres ; on fait un second pli, la signature
toujours en dehors, et le gros cahier est plié.
On met l'encart en dedans, et l'on couche ce
cahier devant soi , la signature contre la table.

On plie de même la seconde et la troisième
bande , et la première feuille est pliée en trois
cahiers ; on opère de même pour les feuilles
suivantes.

Il arrive quelquefois que l'in-dix-huit n'a
que deux cahiers : alors on opère comme pour
l'in-douze ; on enlève une bande pour former
le feuilleton, on plie le gros cahier comme la
feuille in-octavo , et on encarte le feuilleton
dans le gros cahier.

De l'*in-vingt.* Ce format, dont les pages sont
presque carrées, est peu en usage ; il s'imprime
par demi-feuille, comme nous l'avons dit pour
l'*in-seize.* Ce format sert pour les alphabets,
les catéchismes ou les almanachs communs.
Après avoir coupé la bande des quatre pages,
qu'on place au milieu des seize autres pages ,
pliées en deux feuilles in-quarto en un seul
cahier.

De l'*in-vingt-quatre*. Cette feuille s'imprime par demi-feuille comme l'*in-seize* et l'*in-vingt*. Chaque demi-feuille est composée de deux cahiers qui s'encartent ou ne s'encartent pas. Dans tous les cas, chaque demi-feuille peut être considérée comme une feuille in-douze ; on détache le feuilleton, on le plie comme le petit cahier de l'in-douze, la signature en dehors ; on plie ensuite le gros cahier comme celui de l'in-douze, la signature en dehors. Si ces deux signatures sont les mêmes, on encarte le feuilleton ; mais si elles se suivent dans l'ordre numérique ou alphabétique on n'encarte pas le petit cahier.

De l'*in-trente-deux*. Ce format s'impose et s'imprime de deux manières : ou par demi-feuille, alors chaque feuille sert pour deux exemplaires, et est composée de deux cahiers, portant chacun une signature différente ; ou bien chaque feuille ne sert que pour un exemplaire, et alors elle forme quatre cahiers, qui ont chacun une signature particulière, en suivant toujours l'ordre numérique ou alphabétique.

Dans le premier cas, c'est-à-dire lorsque la feuille sert pour deux exemplaires, on plie la feuille selon les pointures, et on la coupe dans le pli. On met à part, en réserve, la demi-feuille supérieure pour le second exemplaire. On tourne la demi-feuille en travers devant soi, la signature à droite, à découvert, sur la table en haut, et l'autre signature à gauche, aussi en haut, mais tournée vers la table. On plie de la droite sur la gauche en faisant tomber la signature à droite sur le verso de la signature à gauche, les chiffres de la pagination les uns sur les autres, et l'on coupe encore dans ce pli. Cette demi-feuille se trouve alors divisée en deux parties, chacune de 8 feuillets ou 16 pages ; on plie chacun de ces quarts de feuille comme l'in-octavo, et l'on place, les uns sur les autres, ces cahiers qui ne s'encartent jamais. Lorsqu'un exemplaire est entièrement plié, on plie le second de la même manière.

Dans le second cas, lorsque la feuille entière sert pour un seul exemplaire, on la coupe en quatre comme dans le cas précédent, et l'on plie de suite les quatre cahiers, chacun comme l'on plie l'in-octavo.

De l'*in-trente-six*. En regardant une feuille in-trente-six, bien étendue sur la table dans sa longueur, c'est-à-dire la ligne des pointures à gauche et perpendiculaire au bord de la table qu'on a devant soi, la première signature à gauche en haut, et la troisième à droite en bas, l'une et l'autre à découvert, on s'aperçoit qu'elle est divisée en trois bandes égales, 1°. par la ligne des pointures à gauche; 2°. par des traits imprimés qui indiquent une ligne parallèle à celle des pointures, vers la droite. Cette imposition indique qu'on doit former trois bandes de chaque feuille. Pour cela, on plie d'abord selon la ligne parallèle à celle des pointures, et l'on coupe; ensuite on plie selon la ligne des pointures et l'on coupe une seconde fois. Alors chaque bande présente autant de feuillets que la feuille entière in-douze, dont quatre sont séparés des huit autres par un trait imprimé au milieu des marges. On plie chaque bande de la même manière qu'on plie la feuille in-douze, c'est-à-dire qu'on coupe d'abord le feuilleton, qu'on plie la signature en dehors, pour en former un petit cahier qu'on met à part; ensuite on plie le restant qui forme le gros cahier. la signature en dehors. Si les signatures indiquent, comme nous l'avons fait observer pour l'in-douze, que le feuilleton doit être encarté, on l'encarte, sinon on place le feuilleton au-dessus du gros cahier, ainsi qu'on l'a vu dans la manière de plier l'in-douze.

L'on voit que la feuille in-trente-six n'est autre chose que la feuille in-douze répétée trois fois dans la même feuille ; on la divise en trois bandes, qui sont considérées chacune comme une feuille in-douze, qu'on plie comme cette dernière. Si l'on observe avec attention l'in-trente-six on verra que de la manière dont on coupe la feuille en bandes on réduit chaque bande à un nombre de feuillets ou de pages égal à celui que présente la feuille in-octavo, qu'on plie comme ce dernier, et dont on fait autant de cahiers que donne le quotient de la division du nombre 32 par 8, si l'on compte par feuillets, ou si l'on compte par pages, du nombre 64 par 16, et ce quotient, dans les deux cas, est toujours 4. Pour l'in-trente-six, il en est de même ; chaque feuille de ce format a 72 pages ; divisez ce nombre par 24, qui est le nombre des pages de l'in-douze, vous aurez pour quotient 3. C'est donc trois bandes que vous devez faire de chaque feuille, et comme le diviseur a été 24, nombre de pages de l'in-douze, vous devez couper le feuilleton et plier comme l'in-douze.

Cette règle est générale, et nous pourrions nous dispenser de parler de quelques formats peu usités, mais nous sommes bien aise, afin de rendre ce Manuel plus complet, de donner deux exemples qui mettront l'ouvrier en état de résoudre facilement toutes les difficultés qui pourraient se présenter.

Tous les formats au-dessus de l'in-trente-six ont un plus grand nombre de pages que ce dernier ; mais ce nombre de pages est toujours divisible par 16 ou par 24, et le quotient donne toujours le nombre de cahiers, et par-conséquent celui des bandes qu'il faut former dans chaque demi-feuille, car ces formats s'impriment toujours par demi-feuille, soit que chaque demi-feuille appartienne à un exemplaire particulier, soit que les deux demi-feuilles appartiennent au même exemplaire.

De l'*in-soixante-quatre*. Je vois que 64 feuillets me donnent 128 pages, divisibles exactement par 16, ce qui me donne 8 pour quotient. Je divise d'abord la feuille en deux selon la ligne des pointures, ensuite chaque demi-feuille en quatre, selon les lignes imprimées, parallèles et perpendiculaires à celle des pointures, et j'ai obtenu quatre petites feuilles pour chaque demi-feuille, ce qui fait 8 pour la feuille entière. Je plie chacune de ces petites feuilles comme l'in-octavo, la signature en dessus, et j'ai huit cahiers égaux pour chaque feuille, qui portent chacun une signature particulière.

De *l'in-soixante-douze*. Il en est de même de ce format : 72 feuillets donnent 144 pages, divisibles exactement par 24, nombre de pages de l'in-douze, ce qui me donne 6 pour quotient. Je divise chaque demi-feuille en trois bandes selon les lignes qu'indiquent les traits imprimés, ensuite je sépare le feuilleton sur chacune selon d'autres traits qui sont pareillement imprimés ; je plie le feuilleton et le gros cahier comme nous l'avons indiqué pour l'in-douze, et j'encarte ou n'encarte pas le feuilleton selon que l'indiquent les signatures.

Nous croyons être entré dans assez de détails pour que l'ouvrier ou l'amateur ne soient jamais embarrassés.

TROISIÈME SECTION.

DE LA BROCHEUSE.

Quoiqu'il ne soit pas absolument indispensable qu'un livre soit broché avant de le relier, puisqu'un ouvrier peut recevoir le volume en feuilles en sortant des mains de l'assembleur, cependant, comme il arrive le plus souvent que les libraires vendent leurs ouvrages brochés, et que ce n'est que dans des cas assez rares qu'ils les font relier pour satisfaire l'acheteur qui les demande ainsi, nous allons parler de l'art de la brocheuse, parce que le volume broché peut être livré au lecteur.

Brocher un livre, c'est en réunir toutes les feuilles, les coudre ensemble selon un certain ordre, afin que le discours se suive sans interruption et sans lacunes. Lorsque toutes les feuilles sont cousues, on recouvre le volume d'une feuille de papier de couleur. Cette opération est très simple aujourd'hui, et n'exige pas, comme autrefois, un instrument particulier, le *cousoir du relieur*.

Avant de brocher un livre, les feuilles en ont été assemblées et pliées, ainsi que nous l'avons indiqué dans les deux Sections précédentes.

Lorsqu'on veut brocher un volume, on vérifie si les feuilles sont placées les unes sur lés autres, selon la série des *signatures* et des *réclames;* et si toutes les feuilles appartiennent au même volume ou au même ouvrage, comme nous l'avons indiqué pour l'*assembleur* et pour la *plieuse.* Cela se vérifie facilement, car la signature doit se trouver au bas de la première page de chaque cahier ; si sur un ou plusieurs cahiers elle ne s'y rencontrait pas, il faudrait les replier de nouveau, et on les replacerait dans l'ordre convenable si elles ne s'y trouvaient pas. Cette vérification se fait promptement et avec facilité : on prend de la main droite les feuilles qui doivent composer le volume, par l'angle supérieur du côté opposé au dos, et de la main gauche on ouvre les cahiers du côté du dos, on les soulève assez pour pouvoir lire la signature en commençant par le premier cahier. On lâche successivement les cahiers l'un après l'autre, alors on lit les signatures dans l'ordre naturel alphabétique ou arithmétique, 1, 2, 3, 4, 5, 6, etc., jusqu'au dernier.

Alors l'ouvrière, car ce sont ordinairement les femmes qui sont chargées de ce travail; l'ouvrière, dis-je, pose ce tas sur la table sur laquelle elle travaille, et le place sur sa gauche, le premier cahier en dessus. Elle prend, de la main gauche, ce premier cahier, le couvre d'une *garde* (1) et le renverse sur la table, de manière que la garde touche la table et que la première page soit immédiatement au-dessus d'elle. Cette disposition est nécessaire afin qu'elle puisse coudre la garde en même temps qu'elle coud le cahier. La garde est indispensable pour rendre la feuille de papier de couleur qui doit servir de couverture, adhérente avec le volume, afin de lui donner une plus grande solidité. Elle coud avec le dernier cahier une seconde *garde*, comme nous l'indiquerons plus bas, et pour les mêmes raisons.

____

(1) Pour éviter des répétitions inutiles, nous supposons que le lecteur connaît la valeur des mots techniques : dans le cas contraire, il voudra bien recourir au Vocabulaire, à la fin de l'ouvrage, où nous les expliquons.

Pour faire la couture, la brocheuse se sert d'une grande aiguille courbe, qu'elle charge d'une longue aiguillée de fil; elle perce la feuille du dehors au-dedans à un tiers environ de la longueur du livre; elle tire le fil en en laissant déborder environ deux pouces; elle fait un second point du dedans au-dehors, à un ou deux pouces du premier, selon le format, et tire le fil en dehors, sans déranger le bout qui passe. Elle pose ensuite le second cahier sur le premier, en le retournant sens dessus dessous comme le précédent, et fait en sorte que les deux cahiers concordent bien par la tête; alors elle pique son aiguille, du dehors au-dedans, dans ce second cahier vis-à-vis du trou infé-rieur du premier, et en pique un second trou du dedans au-dehors vis-à-vis du premier trou; elle tend le fil et le noue solidement avec le bout qu'elle a laissé passer d'abord. Voilà deux cahiers bien liés ensemble.

La brocheuse pose le troisième cahier sur le second, de la même manière que nous l'a-vons indiqué pour les premiers, en les faisant toujours bien concorder par la tête; elle fait ses deux points comme pour le premier ca-hier et vis-à-vis des trous pratiqués aux deux

premiers, afin que la couture soit bien perpendiculaire sur la table, et non en zigzag.
Après avoir tendu son fil, elle ne coud le quatrième qu'après avoir passé son aiguille entre
le point qui lie le premier cahier avec le second, afin de lier celui-ci avec les cahiers précédens. Par ce moyen, il se forme un entre-
lacement que les brocheuses appellent *chaînette*, qui donne de la solidité à l'ouvrage. La
brocheuse continue de même jusqu'à ce qu'elle
soit arrivée au dernier cahier, auquel elle
ajoute une *garde* comme elle l'a fait pour le
premier; mais elle place cette *garde* en sens
inverse de la première.

Cette opération terminée, on passe, avec
un pinceau, de la colle de farine sur le dos
du volume, ensuite on colle avec de la même
pâte la feuille de papier de couleur qui doit
servir de couverture au volume, et l'on passe
de nouveau de la colle sur le dos. Alors on
pose le dos à plat sur le milieu de la feuille
collée, on retire les deux côtés de la feuille sur
les *gardes* sans les y appliquer avec force; mais
on appuie fortement sur le dos pour faire bien
coller le papier. Cela fait, la brocheuse pose
le livre à plat sur la table; la tranche de son

côté, et elle tire vers elle avec les doigts, en ayant soin cependant de ne pas déchirer le papier, mais de manière à le bien tendre sur le dos, et ensuite sur la garde, sans plis. Elle retourne le livre pour opérer de même sur l'autre côté. Elle le laisse sécher à l'air libre et sans le mettre à la presse; car il importe pour la vente de laisser au volume le plus d'épaisseur qu'il peut avoir.

L'ouvrière passe de même à un second volume, qu'elle place sur le premier lorsqu'il est terminé, et ainsi de suite. Cette pression suffit pour empêcher les couvertures de se déformer pendant la dessiccation; on met un poids sur le tas afin que les livres prennent une belle forme.

Lorsque le volume est sec, la brocheuse ébarbe, avec de gros ciseaux à longues lames, ou mieux avec des *cisailles*, les bords des feuilles qui dépassent les plis des feuilles intérieures, pour donner plus de grâce à son ouvrage; ensuite elle colle l'étiquette sur le dos; alors le brochage est terminé.

Nous avons dit que la brocheuse met d'abord dans son aiguille une longue aiguillée de fil; ceci exige une explication : la longueur est d'environ une aune ; elle serait embarrassante si on lui donnait plus de longueur, et ne serait pas suffisante même pour un volume d'une médiocre étendue. Lorsque son aiguillée est au moment de finir, la brocheuse en prend une seconde, qu'elle noue à l'extrémité de la première, en faisant attention que le nœud se trouve dans l'intérieur du volume. Le nœud qu'on emploie est celui qu'on nomme *nœud de tisserand*.

QUATRIÈME SECTION.

DU RELIEUR.

Nous avons dit, au commencement de la troisième Section, que le libraire donne quelquefois, quoique rarement, les ouvrages au relieur tels qu'ils sortent des mains de *l'assembleur*, et sans qu'ils aient été ni pliés ni brochés. Alors le relieur fait plier chez lui le livre avec soin, et il le relie sans passer par l'opération du *brochage*. Par la même raison, il n'a pas besoin de l'opération du débrochage. Cependant, comme on lui donne le plus souvent des livres brochés à relier, nous allons suivre toutes les opérations successives de la reliure, en supposant que le livre a été déjà broché.

§. Ier. *Débrochage.*

Après avoir enlevé la couverture, et l'avoir surtout enlevée, autant qu'il est possible, de dessus le dos, on prend la brochure par la tranche, le dos en dessus, on fait en sorte de lui faire faire le dos rond, et, avec un couteau bien tranchant, on coupe une chaînée de la couture; alors il est facile d'enlever le fil, et le volume se trouve décousu. Il pose le volume sur la table, le titre en dessous.

§. II. *Collationnement.*

Sans quitter le livre de la main gauche, on élève cette main vers l'angle supérieur, et de la main droite on ouvre les cahiers par le dos, en les écartant assez pour pouvoir lire la signature du premier cahier qui porte la première signature du volume; on laisse tomber chaque cahier l'un sur l'autre, et l'on observe si les signatures se suivent dans un ordre alphabétique ou numérique, puisqu'on a commencé par la première. On examine également si toutes les feuilles appartiennent au même volume : dans le cas contraire, on suspend la reliure jusqu'à ce qu'on se soit procuré la feuille qui manque, et l'on met de côté celle qu'on a de trop pour la rendre à celui à qui elle appartient, afin qu'il complète l'exemplaire auquel elle pourrait manquer.

On replie les feuilles qui auraient été mal pliées, et l'on s'assure s'il y a ou non des *cartons* à placer.

On nomme *cartons*, des feuillets que l'auteur a eu l'intention de substituer à d'autres qu'il veut supprimer, soit pour corriger quelques fautes typographiques trop importantes ou trop considérables pour faire partie de l'errata, qui se place ordinairement à la fin du volume, soit pour faire quelque changement notable. Les imprimeurs désignent ces cartons par une marque de convention que les relieurs connaissent bien. Cette marque est un *astérisque* ou étoile placé à côté de la signature, lorsque la page porte une signature; ou, en place de la signature, lorsqu'elle ne doit pas se trouver sur cette page. Quelquefois cet *astérisque* se place, mais rarement, à la signature du chiffre de la pagination. Dans la vue d'éviter toute erreur dans cette opération, on emploie l'un des deux moyens suivans : 1°. Dans le magasin de librairie où l'ouvrage s'assemble, on déchire, par le milieu de sa longueur, le feuillet qui doit être supprimé, ce qui avertit le relieur, qui cherche alors le *carton*. 2°. On a quelquefois soin d'imprimer, à la tête du livre, un petit avis au relieur, qui lui indique les places où il faut intercaler les cartons, les tableaux, les planches, etc.

Après que le relieur a préparé ses cartons pour être mis en place, il coupe, dans la marge du côté du dos, le feuillet qu'il veut supprimer, en laissant, de ce côté, une petite bande qu'on nomme *onglet*, sur laquelle il colle proprement le carton, de manière que les chiffres de la pagination de ce carton tombent exactement sur les chiffres du feuillet qui précède, comme sur ceux du feuillet qui suit. Cette opération se fait plus proprement comme nous venons de l'indiquer, que si l'on avait coupé le feuillet dans le pli du dos sans laisser d'onglet ; car alors on serait obligé de coller le carton sur les deux côtés du dos, ce qui serait très désagréable à la vue, lorsqu'on ouvrirait le livre en ce point. Les *in-folio* et les *in-quarto* se collationnent avec un poinçon, en soulevant les feuilles ; mais il faut s'abstenir de ce moyen le plus qu'il est possible, afin d'éviter les trous que fait le poinçon.

S'il y a des tableaux ou des planches à intercaler dans le texte, il faut avoir soin de les coller de suite de la manière que nous venons de l'indiquer pour les cartons, c'est-à-dire que l'on forme un pli qu'on colle comme un onglet, en faisant attention que les planches ou les tableaux soient placés exactement vis-à-vis les pages qu'ils doivent regarder ; et si la *justification* est égale à celle du texte, on les dispose de manière qu'ils soient placés juste sur la justification du texte. Si, au contraire, la justification des tableaux ou des planches est plus grande, en largeur ou en hauteur, que celle du texte, on doit les plier, selon les circonstances, de manière qu'après les plis, ils ne débordent pas, soit en hauteur, soit en largeur, la justification du texte.

Lorsque le volume contient un nombre considérable de planches ou de tableaux, que l'auteur a eu l'intention de réunir à la fin du volume, le relieur en forme des cahiers de neuf à dix planches chacun, plus ou moins, selon le nombre qu'il en a ; il coud ces cahiers en surjet, dont les points sont distans l'un de l'autre de trois lignes environ. Ce sont les fils de ces points qui serviront à les assembler, entre eux et le texte de l'ouvrage, quand il s'agira de coudre, comme nous l'indiquerons plus bas lorsque nous parlerons de la couture.

Lorsqu'on a reconnu que tout est en règle, si le livre a été lu en brochure, et que par conséquent les feuilles aient été coupées, on visite les feuilles l'une après l'autre ; on redresse les coins et les feuillets qui pourraient avoir été pliés, et l'on examine si la marge de *tête* est, à peu de chose près, égale partout. Dans le cas de la différence de marge, cela prouverait que les feuilles ont été mal pliées : alors il faut les compasser, afin de ne pas se mettre dans le cas d'enlever au volume entier trop de marge à la rognure, ce qui est extrêmement désagréable. Pour éviter cet inconvénient, je dirai plus, ce défaut, on examine, sur un feuillet bien plié, quelle est la marge qu'il présente, et l'on ouvre son compas à cette distance ; on plie bien exactement chaque feuillet, en faisant tomber les chiffres de la pagination l'un sur l'autre, et on les intercalle à leur place, en mettant un peu de colle au bord de la feuille courte. Ce moyen suffit pour coller assez cette feuille courte sur celle qui suit, afin qu'elle ne glisse pas dans les opérations subséquentes, pendant lesquelles on secoue souvent le volume pour en égaliser les feuilles

On ne rencontre pas, dans un cahier, une feuille courte qu'on n'en trouve en même temps une plus longue de toute la quantité qui manque à la feuille courte. C'est ici où le compas est nécessaire, car si on laissait cet excédant, cette feuille rentrerait, plus que les autres, dans le secouage, et l'ouvrage présenterait une irrégularité insoutenable. Alors on marque, avec le compas, deux points, un vers le commencement de la ligne et l'autre vers la fin, et l'on coupe cet excédant avec des ciseaux, ou mieux avec une règle de fer et un couteau, en dirigeant la règle sur ces deux points. On coupe à la fois ces deux feuillets l'un sur l'autre, après les avoir pliés avec soin, comme je l'ai expliqué plus haut.

Par ce moyen, tous les feuillets présenteront au couteau à rogner une distance égale, et les feuilles offriront une même marge. Les feuillets courts qu'on y remarquera se trouveront intercalés à des distances plus ou moins grandes; ils ne paraîtront pas lorsque le volume sera fermé; on ne les verra qu'à la lecture. Loin de pouvoir affaiblir la réputation du relieur, comme ils ne seront pas de son fait, ils seront une preuve incontestable de son talent et des soins qu'il a pris pour corriger la faute qu'a commise, avant lui, la plieuse; faute qu'il lui est impossible de réparer autrement.

§. III. *Battre le livre.*

Avant de se disposer à battre le livre, le relieur doit examiner s'il peut être battu sans risque de faire des *maculatures*, ce qui arrive toujours lorsque le livre est fraîchement imprimé, parce que l'encre, qui est un composé d'huile grasse et de noir de fumée, n'a pas eu le temps suffisant pour sécher parfaitement. Les indices qui peuvent faire connaître si le volume peut être relié ou non sans inconvénient, sont les suivans : 1°. la date de l'impression, que l'on trouve toujours sur la page du titre. Si l'impression a plus d'un an, il n'y a rien à craindre ; 2°. par les soins qu'on a portés à l'impression, c'est-à-dire si les caractères n'ont pas été trop chargés d'encre ; 3°. en flairant le livre à plusieurs endroits, on distingue parfaitement, par l'odeur, si l'huile de l'encre est parfaitement desséchée ou non. Enfin, si le livre a été *satiné*, ce qui se distingue parfaitement, on peut le battre sans crainte. Nous parlerons plus bas des précautions à prendre.

Les relieurs ont, dans leur atelier, un bloc de pierre ou de marbre d'environ 3o pouces de haut sur 15 à 20 pouces en carré, qu'ils nomment *pierre à battre*. La pierre de liais est préférable au marbre, parce qu'elle lisse moins et qu'elle a le grain très fin. Il est important que la surface sur laquelle on bat soit unie et parfaitement horizontale. Pour donner une plus grande solidité à la pierre à battre, on l'enfonce dans la terre, de 16 à 18 pouces; de sorte qu'elle a en tout 45 à 48 pouces de hauteur, afin de lui conserver 30 pouces de saillie au-dessus du sol, comme nous l'avons dit.

Le marteau du relieur est une masse de fer A (*fig.* 1), dont la tête B est large et carrée de 4 pouces environ de côté. Les vives arêtes de ce carré sont arrondies, afin que les batteurs ne soient pas exposés à couper les feuilles, dans le cas où le marteau viendrait à vaciller dans leurs mains. La surface de la tête du marteau est un peu convexe, afin que les ouvriers puissent travailler avec moins de contrainte. Les relieurs désignent cette convexité par ces mots, *donner de la panse* au marteau; elle est nécessaire, afin que, dans le travail, on touche moins fort sur les bords que vers le milieu des feuilles.

Le marteau est percé du côté d'une de ses

faces d'un trou de 4 lignes de diamètre parallèle à sa surface, pour y fixer le manche, et à
une hauteur telle que les jointures des doigts
de l'ouvrier soient suffisamment éloignées du
livre pour qu'elles ne puissent pas y toucher, sans cela il serait exposé à se blesser continuellement. Le manche C est court et gros,
afin qu'on puisse le tenir solidement dans la
main : il a 7 à 8 pouces de long, et 14 à 15
lignes de diamètre près de la tête, et un peu
plus vers l'autre extrémité. Il pèse, avec son
manche, 9 à 11 livres environ.

On ne bat ordinairement les feuilles qu'après
qu'elles ont été pliées, et lorsque l'impression
est parfaitement sèche, afin d'éviter les *maculatures*; cependant il y a des cas où l'on est
obligé de relier un livre immédiatement après
son impression ; alors il y a des précautions à
prendre. On met le volume dans un four après
que le pain en a été retiré, ou dans une étuve
suffisamment chaude pour le faire sécher. Ce
moyen n'est pas sans danger ; il arrive souvent
que le papier noircit, ce qui est un grand inconvénient. Il vaut mieux alors battre les
feuilles avant de les plier entièrement. Pour
cela on les plie dans la ligne des pointures

seulement, on intercalle une feuille de papier blanc dans chacune, et l'on bat les feuilles ainsi préparées ; ce papier reçoit les impressions de l'encre. On doit observer aussi de placer toujours une feuille de papier serpente devant chaque planche, parce que l'encre des imprimeurs en taille-douce est beaucoup plus longue à sécher que celle des imprimeurs typographiques.

Quand l'ouvrier veut battre son livre, dont les feuilles sont pliées, il commence par secouer le volume sur la pierre par le dos et par le haut, afin d'en bien égaliser les cahiers, ensuite il divise le volume en autant de parties, qu'il nomme *battées*, qu'il le juge nécessaire, et qui comprennent d'autant moins de cahiers que l'ouvrage doit être plus soigné. Il se place devant la pierre, en ayant soin de rapprocher les jambes l'une de l'autre, afin de ne pas contracter des hernies, ce à quoi sont fréquemment exposés les ouvriers qui, dans l'intention d'être plus à leur aise, contractent l'habitude d'écarter les jambes.

Il faut plus d'adresse que de force pour battre. L'ouvrier doit avoir seulement la force nécessaire pour soulever constamment le marteau et le laisser retomber presque par son propre poids bien parallèlement à la surface de la pierre. Il tient la *battée* d'une main, et le marteau de l'autre; le premier coup de marteau se donne au milieu de la feuille, le second et les suivans se donnent en tirant la *battée* à soi, mais de manière que le coup qui suit tombe sur le coup qui précède au tiers de sa distance, afin que le coup suivant couvre des deux tiers le coup précédent, et d'éviter par là de faire des bosses qu'on appelle *noix*. On tire toujours la feuille vers soi jusqu'à ce qu'on soit arrivé à l'extrémité la plus éloignée du corps, alors on tourne la battée entière du haut en bas et l'on frappe du même côté en commençant à couvrir des deux tiers le premier coup qu'on a donné, et on continue de même avec les mêmes précautions.

On sépare la battée en plaçant dessus ce qui était dessous, on ballotte les cahiers sur le dos et par le haut pour les bien égaliser, on bat comme la première fois, et l'on remet les battées comme elles étaient d'abord, l'on ballotte de nouveau les cahiers et on donne ensuite quelques coups de marteau pour les bien aplanir.

Pour les livres un peu soignés on met de chaque côté de la battée une *garde* ou chemise : on bat, on passe ensuite le premier cahier sous la battée, et l'on bat ; puis le deuxième, et ainsi de suite jusqu'au dernier en battant chaque fois.

L'ouvrier doit bien faire attention à ce que son marteau tombe bien aplomb sur la battée, sans cela il risquerait de *pincer* et couperait la battée.

Lorsque les battées sont terminées, l'ouvrier les place entre deux ais de la grandeur du volume et les met à la presse les unes sur les autres. Il les serre fortement, et pour les comprimer autant qu'il est possible, indépendamment de la barre, il emploie un *moulinet* qui augmente considérablement sa force. Le moulinet est un gros arbre fretté à ses deux bouts : ses deux pivots en fer roulent l'un dans une semelle fixée sur le sol inférieur, l'autre dans une poutre du plancher supérieur. Cet arbre est percé de deux trous à une hauteur d'environ trente pouces dans lesquels on passe deux fortes barres ; le bout d'une corde est fixé à cet arbre, l'autre est fixé au bout de la barre de la presse, tire celle-ci lentement, mais très fortement, à l'aide de deux ou quatre hommes qui agissent sur les barres en tournant autour de l'arbre.

Après le battage on collationne de nouveau pour s'assurer que, dans cette dernière opération les cahiers n'ont pas été dérangés.

§. IV. *Gréquer.*

Gréquer un volume, c'est faire des entailles sur son dos, afin d'y loger la ficelle qui doit servir à soutenir la couture, et qu'on ne veut pas laisser paraître sur le dos. Pour cela on prend deux ais semblables aux *membrures* dont on se sert pour endosser, et qui sont plus épais sur un côté que sur l'autre. Après avoir bien secoué le volume par le dos et par le haut, afin que les cahiers soient parfaitement égaux, on le place entre les deux ais, en laissant dépasser le dos de deux à trois lignes, on met le tout à la presse et l'on serre légèrement ; comme les ais sont plus épais du côté du dos que du côté de la tranche, ils serrent davantage le dos et le tiennent plus assujetti. Ensuite avec une scie à main plus ou moins épaisse, selon la grosseur de la ficelle qu'on veut employer, et qui dépend de la grandeur du volume, on fait des entailles d'une profondeur égale au diamètre de la ficelle ; on donne autant de coups de scie, également espacés entre eux, qu'on veut mettre de ficelles. Au-dessus de la première gréque et au-dessous de la dernière, on donne un léger coup de scie pour loger la chaînette. Il est important que l'ouvrier dirige la scie toujours bien parallèlement à la surface de la presse, sans cette précaution les entailles seraient plus profondes d'un côté du dos que de l'autre, et la gréque serait mal faite ; la ficelle se cacherait plus d'un côté que de l'autre.

On ne doit gréquer que très peu, et pas du tout si c'était possible. Il est presque indispensable que la gréqure ne paraisse pas en dedans du volume, et cependant elle ôte de la solidité. Nous donnerons un moyen pour supprimer la gréqure.

§. V. *Coudre.*

Quand le volume est gréqué, on prépare les *onglets* ou *sauve-gardes*. On appelle ainsi deux bandes de papier blanc, de la longueur du volume, pliées par le milieu et cousues dans le pli. Elles servent à garantir les gardes pendant le travail; on les enlève quand le volume est presque terminé; on les place au commencement et à la fin de chaque volume. Indépendamment de ces deux *sauve-gardes*, on met toujours deux gardes en papier blanc et souvent deux autres en papier de couleur ou marbré, que l'on coud en même temps que le volume; mais cette manière d'opérer ne présente pas de propreté, parce que lorsqu'on ouvre la couverture, on voit le fil dans le pli du papier de couleur; ce qui est très désagréable. Nous nous contentons de placer et de coudre la garde blanche et nous ne plaçons la garde de couleur qu'après la couture et avant l'endossure, ce qui est bien plus propre, parce qu'alors il n'y a pas de couture au milieu de cette feuille. Avant de parler de la couture il est important de faire connaître le cousoir.

Le cousoir (*fig.* 2) est une table *a*, formée ordinairement d'un dessus très simple, d'un pouce d'épaisseur, d'environ trois pieds de long sur deux de large. Cette planche est posée fixement sur quatre pieds *b*, *b*, *b*, *b*, carrés, sans aucun ornement, arrêtés en bas par deux traverses dans lesquelles est assemblée à tenons et mortaises une barre. A deux pouces environ à l'extrémité d'un des grands côtés, et à cinq pouces des petits, on a pratiqué une entaille *f*, *f*, de deux pieds deux pouces de long, sur un pouce et demi de large, pour recevoir les ficelles *g*, *g*, *g*, *g*, qui doivent former les nerfs. Le dessus de la table déborde le haut des pieds à peu près de quatre pouces; à deux pouces environ des bords de cette table sont placées deux vis en bois *h*, *i*, *h*, *i*, posées verticalement, leurs pas ou filets en haut; ces vis ont deux pieds de long, dont un pied quatre pouces de pas de vis : les huit pouces restans du bout qui touche la table n'ont point de pas de vis; ils sont taillés à huit pans, et forment ce qu'on appelle le *manche l*, ou la *poignée* de ces vis; le bout se termine par un pivot cylindrique, qui entre dans un trou pratiqué dans la table sans y être arrêté. Ces pivots y entrent librement, et les vis ne sont arrêtées fixement que lorsqu'on tend les ficelles qui forment les nerfs.

Une traverse *m*, *m*, tient ces vis dans une situation verticale; les deux extrémités de cette traverse sont percées chacune d'un trou taraudé du même pas de la vis et qui sert d'écrou. On fait monter et descendre la traverse selon qu'on tourne d'un côté ou de l'autre les

deux vis à la fois, en les prenant par le manche *l*. Vers le milieu de la traverse sont placés
des bouts de ficelle *o* noués en forme de boucle, qu'on appelle *entre-nerfs*, et qui sont en
nombre suffisant pour la quantité de ficelles
qu'on doit mettre au volume ; ils ont été dé-
terminés soit par le nombre de coups de scie
qui ont été donnés en gréquant, soit par le relieur, qui indique à la couseuse le nombre de
nerfs qu'il veut avoir lorsqu'il ne gréque pas.
On attache la ficelle à une des boucles, soit
en l'y nouant lorsqu'on met la ficelle simple, soit en l'enveloppant lorsque la ficelle est
double. On tend la ficelle *g* avec la main, et on
la coupe à deux pouces environ au-dessous de
la table du cousoir, afin de l'y arrêter et de la
bien tendre au moyen de *chevillettes*. Ce petit
instrument, que l'on voit ici en A à côté du
cousoir, est en cuivre jaune, long de trente
lignes, et de deux lignes environ d'épaisseur ;
la figure en montre la forme. On y remarque
vers la tête *r* un trou carré, et l'extrémité op-
posée se termine par deux branches *s, s*.

La couseuse prend la chevillette de la main
gauche, de manière que la tête *r* soit devant
elle ; de la droite elle fait entrer le bout de la
ficelle *g* dans le trou carré ; elle ramène le

petit bout de cette ficelle vers la main droite,
la passe sur la traverse *t* de la chevillette, et
en entortille une ou les deux branches *s, s*, selon qu'elle a plus ou moins de longueur, et en
réserve un petit bout qu'elle passe sous la ficelle qui se trouve sur la traverse *t*, afin de l'y
arrêter. Alors elle retourne la chevillette dans
le sens vertical, la tête en haut, et faisant attention de ne pas laisser lâcher la ficelle ; elle
la passe dans l'entaille *f* du cousoir, les branches les premières ; elle la couche horizontalement sous la table, les branches devant elle,
comme le montre la *fig.* 2 ; la ficelle doit se
trouver alors suffisamment tendue pour que
la chevillette ne se dérange pas. L'habitude
lui indique assez quelle est la longueur de la ficelle qu'elle doit réserver pour arriver juste
au but. Il faut avoir soin que les chevillettes
soient plus longues que la largeur de l'entaille, sans quoi elles ne pourraient pas être
retenues par-dessous, et la tension de la ficelle
les ferait passer au travers.

Lorsque la couseuse a placé toutes ses chevilles, elle présente le livre par le dos aux ficelles ; elle les avance vers la droite ou vers la
gauche pour les faire concorder avec les gré-

ques marquées, ensuite elle achève de tendre les ficelles en tournant les vis; elle tâche de leur donner une égale tension. Alors elle ferme l'entaille *f*, *f*, par un liteau de bois *v*, *v*, qu'on nomme le *templet*, qui a la même épaisseur à peu près que la table, et qui affleure le dessus. Tout cela ainsi disposé, elle commence la couture.

Elle place d'abord le premier cahier la tête à sa droite sur la table, et par-dessus la *sauve-garde*, afin de donner à celle-ci, qu'elle doit coudre la première, la solidité nécessaire pour faire sa couture proprement; car il ne faut pas oublier que la sauve-garde n'est qu'une feuille simple, ainsi que la garde. Lorsqu'elle a cousu la sauve-garde, en laissant un bout de fil en arrière pour le nouer ensuite avec celui de la garde, comme nous l'avons expliqué troisième Section, *de la Brocheuse*, page 39, elle retire le premier cahier, qui n'est pas cousu; elle le place sur la garde, et le coud de même que tous les autres, ainsi que nous allons l'expliquer.

Il y a plusieurs manières de coudre, 1°. à point-devant et à point-arrière; 2°. à un ou plusieurs cahiers.

1°. Il faut bien comprendre ce qu'on entend par point-devant et par point-arrière ; pour cela, il faut se mettre à la place de la couturière, qui, ayant le cousoir devant elle, voit le livre par le dos appuyé contre les ficelles. Elle passe son aiguille dans le trou indiqué pour la chaînette du dehors en dedans, et laisse un bout de fil, comme nous l'avons dit plus haut. Ce premier point donné est le même pour les deux cas, mais la manière dont elle passe ensuite son aiguille fait varier les deux sortes de points. Voici comment elle opère pour le *point-devant*.

Elle sort l'aiguille de dedans au dehors, à côté de la ficelle, vers sa droite, laissant la ficelle sur sa gauche ; elle la rentre du dehors au dedans en laissant la ficelle sur sa droite, de sorte que le fil n'entoure la ficelle que de la moitié de sa circonférence : elle continue ainsi de la même manière.

Le point-arrière se commence de même par la chaînette ; mais lorsqu'elle arrive au nerf, elle embrasse la ficelle, c'est-à-dire qu'elle pique son aiguille du dedans au dehors, de manière à laisser la ficelle sur sa droite ; ensuite elle la pique du dehors au dedans en faisant le tour de la ficelle qu'elle laisse sur sa gauche, de sorte que, dans ce cas, le fil fait tout le tour de la ficelle.

2°. Tout cela bien entendu, voici comment l'ouvrière coud son livre : lorsque ce livre doit être à nerfs, la sauve-garde, la garde et tous les cahiers sont cousus l'un après l'autre toujours point-arrière ; mais lorsque la reliure doit être à la gréque, on coud point-arrière l'onglet ou sauve-garde, la garde et le premier cahier ; tout le reste est cousu point-devant, excepté le dernier cahier, la garde et la sauve-garde ou l'onglet.

Il est toujours nécessaire qu'un volume à gros cahiers et mince soit cousu tout du long, afin de laisser plus de *dos*, et de donner plus de solidité au volume. On est même forcé de coudre tout du long un cahier qui contient une gravure, ou une carte géographique, ou un tableau, lors même qu'il se trouve dans un volume qu'on désirerait coudre à plusieurs cahiers.

Lorsqu'on veut coudre à deux cahiers, on place deux ou trois ficelles. Supposons qu'on n'en mette que deux, on coud le premier cahier en entrant d'abord l'aiguille dans le trou de la chaînette, on la sort par la première ficelle en dehors ; on place le second cahier, on entre l'aiguille par le trou de la première ficelle en dedans, c'est-à-dire que le fil embrasse la ficelle avant d'entrer dans le second cahier, puis l'aiguille sort par le trou de la seconde ficelle en dehors, ensuite il entre dans le premier cahier après avoir embrassé la ficelle, et sort par le trou de la chaînette. On recommence le train de deux cahiers en allant de gauche à droite.

On opère de même lorsqu'on coud à deux cahiers et à trois ficelles ; la seule différence consiste en ce que le second cahier est plus solide, parce qu'il est retenu par les deux ficelles.

Lorsqu'on veut coudre à trois cahiers on place quatre ficelles, alors le premier cahier est pris depuis la chaînette jusqu'à la première ficelle ; le second de la première ficelle à la seconde ; le troisième de la seconde à la troisième : ensuite on reprend le premier de la troisième ficelle à la quatrième, et le second de la quatrième ficelle à la chaînette de la queue, de sorte que le troisième cahier n'est pris qu'une seule fois, aussi a-t-on bien soin de gréquer cette distance plus large que les autres. Ce moyen n'est employé que rarement et dans des cas indispensables, comme par exemple, lorsqu'on a à coudre un volume *in-quarto* à feuilles simples. Alors pour donner plus de solidité il faudrait coudre à cinq ficelles, ou même à un plus grand nombre si le volume était plus grand, un *in-folio*, par exemple.

Pour la couture à nerfs on se contente de gréquer la chaînette, et l'on coud point-arrière.

Lorsqu'on veut coudre un volume *in-folio* ou un *in-quarto* imprimé sur demi-feuille, la couturière met une ficelle de plus que celles qui sont nécessaires pour la couture, et elle ne s'en sert jamais pour cet objet. Elle la place vis-à-vis la première ligne du texte, afin de faire rencontrer toujours la première ligne de chaque page dans cette direction. Par ce moyen toutes les marges du haut seront égales, le couteau à rogner enlevera également de chaque feuille toutes les défectuosités.

Il est important, dans la couture à nerfs, de ne pas faire, en cousant, ce qu'on appelle un *nez*, c'est-à-dire que les feuilles ne présentent pas, par la tête, une ligne parfaitement verticale. On évite cet inconvénient en gréquant seulement les chaînettes après avoir bien secoué le volume, ainsi que nous l'avons prescrit au §. II, *collationnement*, page 48, et avoir compassé les pages lorsque cela a été nécessaire.

Pour les volumes qu'on veut relier avec soin, il faut éviter de coudre sur les ficelles qui forment des nerfs saillans, et dont le dos ne peut pas être brisé, ou qu'on est obligé de gréquer, ce qui présente les inconvéniens que nous avons fait remarquer. Dans ce cas, au lieu de substituer le parchemin aux ficelles, comme on l'a fait souvent, il faut leur substituer des rubans en fil ou en soie de la largeur d'un lacet, et coudre dessus comme l'on coud sur les ficelles. Le parchemin, lorsqu'il est mince, est sujet à se casser; s'il est double ou triple, il est trop épais et il fait un mauvais effet sur le dos.

Quand le volume est entièrement cousu, on coupe les ficelles supérieures en leur laissant environ trois pouces de long; on enlève le templet qui ferme la rainure du cousoir, on détache la ficelle des chevillettes, et si l'on a bien opéré, on a ici une longueur de ficelle de trois pouces. Ces longueurs de ficelle sont nécessaires, afin d'attacher les cartons de la couverture au volume, comme on le verra par la suite.

Lorsqu'un livre a été cousu, il faut bien se donner de garde de l'ouvrir avant qu'il n'ait été au moins endossé et bien sec, et encore ce doit être avec beaucoup de précaution. Si l'on est obligé de l'ouvrir, il faut toujours tenir fortement avec la main gauche le dos du livre, parce que sans cela la couture rentrerait en dedans, ce qui empêcherait de bien arrondir le dos, et de former le mors.

§. VI. *Apprêter le volume pour l'endossure. Coller les gardes de couleur.*

Tout le papier qu'on emploie pour la reliure, soit papier blanc, soit papier de couleur, est du papier carré, c'est-à-dire du papier de la même dimension que celui qui sert à l'impression. Il ne s'agit ici que du papier de couleur pour les gardes.

Pour l'*in-folio* on ne coupe pas la feuille, on se contente de la plier en sens inverse, c'est-à-dire la couleur en dedans. Il en faut deux pour un volume.

Pour l'*in-quarto*, on coupe la feuille en deux, dans le sens du pli de la main ; on plie chaque demi-feuille par le milieu dans le sens de sa largeur, la couleur en dedans. Ces deux demi-feuilles sont pour un volume.

Pour l'*in-octavo*, on coupe la feuille en quatre et l'on plie chaque quart de feuille par le milieu, la couleur en dedans, ce qui sert pour deux volumes.

Pour l'*in-douze*, on plie d'abord la feuille en trois parties égales dans le sens du pli de la main, l'on coupe dans ces plis ; alors on a trois bandes qu'on plie par le milieu de leur longueur, on coupe dans ces plis, de sorte qu'on a six morceaux ; on les plie chacun dans le milieu, la couleur en dedans ; alors on a six gardes pour trois volumes.

Pour l'*in-dix-huit*, on plie la feuille en trois parties égales selon une direction perpendiculaire à la précédente, on coupe dans ce pli, et l'on a trois bandes. On plie chaque bande en trois parties égales, qu'on sépare, ce qui fait neuf morceaux qu'on plie par le milieu, ce qui donne neuf gardes, c'est-à-dire pour quatre volumes et demi.

Et ainsi de suite pour les autres formats,

en se conformant à ce que nous avons dit à la Section II, *de la Plieuse*, pages 27 et suivantes.

Les gardes ainsi préparées, on prend le papier plié et l'on en fait deux tas égaux. On les manie entre les mains pour les faire chevaucher, du côté du pli, l'une sur l'autre d'une ligne, on en fait autant pour l'autre tas. On place un tas sur l'autre main en sens inverse, toutes les feuilles chevauchant d'une ligne l'une sur l'autre, afin de les coller toutes d'un seul coup. La moitié de ces feuilles a la coupure du même côté vers la gauche; l'autre moitié a la coupure tournée vers la droite.

Après avoir passé de la colle sur toutes les petites parties à la fois, on sépare les tas, on met l'un à droite et l'autre à gauche. On prend une feuille du premier tas, on ouvre la garde, et l'on place cette feuille du côté de la colle de manière à la faire concorder d'un côté avec la tête, et de l'autre avec le dos pour la bien coller dans le mors. L'on rabat, dessus, la garde; on en fait autant de l'autre côté du volume, mais en prenant la feuille dans le second tas.

§. VII. *Épointer les ficelles.*

Dans l'état où les ficelles se trouvent en sortant des mains de la couturière, il serait très difficile de les employer ; on est obligé de les épointer. Cette opération consiste à prendre la ficelle entre l'index et la paume de la main gauche, à la rouler entre les doigts pour la détortiller ; à l'aide d'un couteau qu'on passe entre les fils, on les sépare ; on épointe chaque fil avec le couteau , on les rassemble ensuite et on les coupe carrément.

On prend le volume de la main gauche par la tranche ; avec le pouce et l'index de la main droite, on prend de la colle de farine, et l'on place les ficelles entre les doigts pour les encoller d'un bout à l'autre ; ensuite sur le genou et sur le tablier on roule les ficelles du plat de la main , ce qu'on nomme *tortiller ;* ce qui les dispose à passer dans les trous du carton.

§. VIII. *Du carton , de la manière de le couper et de le fixer au volume.*

Le carton est fabriqué d'une dimension égale aux feuilles de papier ; on le coupe de la même manière que nous l'avons indiqué pour le papier de couleur; mais comme il a plus d'épaisseur que ces dernières, on ne le plie pas pour le couper. On divise sa surface à l'aide d'un compas, et par les points qu'on a marqués, à l'aide d'une règle de fer et d'une espèce de couteau que nous allons décrire, on le coupe net; ce qui est important. Alors le carton se trouve divisé en un nombre de morceaux double de celui des morceaux de papier que nous avons indiqués.

Pour l'*in-folio* on le coupe en deux dans le milieu de sa dimension; pour l'*in-quarto* on le coupe en quatre, et ainsi de suite : chaque morceau sert pour un côté de la couverture.

Le couteau dont on se sert est une lame d'acier dont l'extrémité est aiguisée à quatre faces et en pointe, de la même manière qu'un grattoir de bureau; il est ordinairement emmanché entre deux morceaux de bois, le tout fixé par de la ficelle qui l'enveloppe dans toute son étendue, excepté à un ou deux pouces près du tranchant. Les couteaux qui sont aujourd'hui en usage sont très commodes ; le manche est enfermé dans un fourreau de tôle, comme un sabre dans son fourreau ; une vis de pression est pratiquée sur l'épaisseur, au bas du fourreau. On règle la saillie du couteau, à volonté, par le moyen de cette vis de pression.

Après avoir compassé le carton, on le coupe sur une planche de bois de hêtre bien lisse qu'on nomme *ais à rabaisser.* Lorsqu'il est réduit en morceaux de la dimension désirée, si le carton n'a pas été cylindré, et que sa surface soit raboteuse, on le bat sur la pierre avec soin et propreté, de même qu'on a battu le volume. On le rogne légèrement d'un seul côté, qui doit être placé du côté du dos; on abat la bavure avec le marteau à battre, ou bien avec un rouleau de bois. On *raffine* le carton, c'est-à-dire qu'on colle du côté du mors une bande de papier plus ou moins large qui enveloppe l'épaisseur du carton de ce côté.

On place chaque morceau de carton sur le volume, en le laissant déborder d'une ligne ou plus, selon le format, du côté de la tête, et l'on fait avec un poinçon une marque vis - à - vis chaque ficelle ; on fait ensuite à une ligne du bord, et en face de chaque marque, avec un poinçon, un trou incliné du dedans au dehors ; à deux lignes au-dessus un autre trou dans le même sens, et l'on retourne le carton pour faire à côté des deux trous, et au milieu de leur distance, un troisième trou, de manière qu'il y a deux trous percés en dehors et le troisième en dedans. On passe les ficelles en dehors dans le premier trou, en dedans dans le troisième, et en dehors dans le second, et le bout de la ficelle est enfin passé sous la ficelle qui traverse d'un trou à l'autre en dedans ; on serre cette couture pour rapprocher le carton du volume.

Lorsque les ficelles sont toutes arrêtées de cette manière, il faut que les cartons se tiennent naturellement perpendiculaires au volume, afin de ne pas gêner le mors.

On coupe le bout excédant des ficelles, de manière à ce qu'elles ne puissent pas sortir des boucles, mais pas assez longues pour qu'elles puissent gêner dans le mors.

Sur la pierre à rabaisser on frappe avec un marteau sur la ficelle afin de l'incruster dans le carton. On tient, de la main gauche, le volume par la gouttière ou la tranche, on laisse tomber les deux cartons sur la pierre et l'on frappe en dedans de la couverture.

On prend le volume entre les deux mains ouvertes, en laissant tomber librement les cartons sur la pierre, et l'on frappe le dos sur la pierre afin de le bien égaliser. On place ensuite le livre sur le bord de la pierre, en laissant tomber au-dehors le carton de dessous : on plie le carton de dessus sur le livre, en ayant soin que la sauve-garde et la garde ne soient ni trop en arrière, ni trop en avant. On en fait autant pour l'autre carton, et l'on a soin, avant de quitter le volume, de bien redresser la tête, si cela est nécessaire.

§. IX. *Endossement.*

Le relieur endosse tout à la fois un *tas* qui est composé de huit à dix volumes ; il dispose son tas de la manière suivante ; il pose sur la presse, suffisamment ouverte pour recevoir le tas, une *membrure*, puis un ais, le volume, un autre ais, un autre volume et ainsi de suite jusqu'à ce qu'il ait placé le dernier volume, qu'il couvre d'un ais et enfin d'une membrure. En formant ce tas, il a soin de l'élever le plus verticalement qu'il lui est possible ; les dos sont tournés vers sa droite ; alors il fait pi-rouetter le tas de manière que les dos soient tournés vers lui, il prend le tas des deux mains, le couche horizontalement et le place dans la presse où il le serre légèrement.

A l'aide d'un ais qu'il tient à la main, il dresse les ais et les volumes dans une même direction ; puis il élève les volumes ou les abaisse selon le besoin, afin que les dos soient tous à la même hauteur, en les pressant avec la main, d'un côté ou de l'autre. Les ais ne doivent pas déborder les cartons vers le mors.

Avec le poinçon à endosser, qui est un petit outil en fer de la forme d'une langue de carpe, qu'il tient par le manche, et qu'il introduit entre les cahiers qui sont trop élevés ou trop abaissés, et en le tournant légèrement dans la main, il les fait abaisser ou élever selon le besoin ; mais il ne doit pas se servir de la pointe de ce poinçon, qui, quoique arrondie, pourrait laisser des marques désagréables dans le volume et en percer même les feuilles. Pour cette opération, l'ouvrier est en face de la presse ; il se sert de la main gauche pour travailler à la queue et de la main droite pour travailler à la tête. Le paquet doit être serré seulement de manière à ce qu'il ne puisse pas tomber ; l'ouvrier le soutient avec la main qui ne tient pas le poinçon ; et avec le pouce qu'il appuie

sur les feuilles qu'il ne soulève pas, il les empêche de se déranger.

Le même outil lui sert de même à ramener
les cartons à la hauteur qu'il croit convenable,
selon le mors qu'il veut donner. Il met les
deux cartons à la même hauteur, et les ais à
la hauteur des cartons, toujours avec le même
outil.

L'ouvrier doit avoir soin que la queue du
volume soit plus ronde que la tête, parce que
la tête est toujours plus ferme que la queue,
et les opérations subséquentes seraient mau-
vaises, si l'on n'avait cette précaution.

Avec une ficelle à endosser de la grosseur
de deux lignes, au bout de laquelle le relieur
a pratiqué une boucle, il enveloppe le paquet
qu'il a fortement serré dans la presse; il serre
autant qu'il le peut, en ayant soin de ne jamais lâcher la ficelle, et la serrant fortement
d'une main pendant qu'il l'enveloppe avec
l'autre. Il fait quatre tours sans jamais laisser
chevaucher les ficelles l'une sur l'autre, mais en
les plaçant avec soin l'un eau-dessus de l'autre.
Les quatre tours faits, on arrête la ficelle en
la passant sous les quatre tours, et l'enga-
geant fortement entre les ficelles et le bout de

la membrure. Alors il desserre la presse et enlève le paquet, ou bien il le soulève de manière qu'il laisse le bas de la membrure engagé avec la ficelle qui lui reste; il serre de nouveau par le bas, moins fortement qu'il ne l'a fait par le haut, et il arrête le bout de la ficelle de la même manière.

L'ouvrier trempe d'abord le paquet à la colle de farine, en commençant du côté de la tête, qu'il met en face de lui. A l'aide d'une *brosse* qu'on nomme *pinceau*, il commence par le milieu de la hauteur du dos du volume, et il vient vers lui jusqu'au haut de la tête, il retourne le paquet et en fait autant pour la queue. Par ce moyen, la colle né risque pas d'entrer dans les feuillets ni de glisser sur la tête ou sur la queue. On laisse tremper le paquet ainsi pendant trois ou quatre heures.

Après ce temps, l'endosseur met le paquet en presse, et serre légèrement pour l'empêcher de vaciller. Il se place au bout de la presse, le paquet devant lui, du côté de la tête; et avec le *grattoir*, qui est un outil de fer plat et dentelé, il gratte fortement d'un bout à l'autre pour faire bien pénétrer la colle; il trempe de nouveau comme la première fois, il desserre la presse, retourne le paquet, la queue devant lui, serre suffisamment et gratte de nouveau dans ce sens, en commençant toujours d'un mors à l'autre et en arrondissant. Il le retrempe de nouveau, le sort de la presse et le laisse ainsi pendant environ quatre heures, après quoi il recommence la même opération, il le retrempe et le laisse de deux à trois heures sans le travailler. Enfin il le reprend pour le *frotter*.

Après avoir replacé le paquet en presse et l'avoir bien serré, l'endosseur prend un *frottoir* : c'est un outil de fer plat par le bout et plus ou moins large, selon l'épaisseur du volume; le bout du frottoir a une forme arrondie dans sa largeur, à peu près de la forme du dos d'un livre. L'ouvrier prend cet outil par le manche, comme on prend une fourchette, l'index allongé sur la tige; il renverse la main, le bout des doigts en dessus; et avec la main gauche il empoigne tout à la fois l'outil et le doigt index, de la main droite, allongé, et il frotte avec toute sa force sur le dos du livre en arrondissant et en tâchant de réparer les omissions qu'il aurait pu faire dans les opérations précédentes avec le poinçon à endosser. Il doit avoir soin de tenir son outil ferme, de ne pas le trop élever ou abaisser, sans cela il risquerait d'écorcher le volume. Il termine en le frottant avec un frottoir de buis.

Endossure à l'anglaise.

Après que le volume est cousu avec soin, à point-devant, à quatre ficelles et à deux cahiers, on le secoue bien de tête et de dos afin de bien égaliser les cahiers; on place le volume (1) entre deux ais, appelés *entre-deux à endosser,* après avoir rabattu les ficelles sur le volume, l'on passe, sur le dos, de la colle forte de Flandre un peu consistante. On laisse sécher en plaçant les volumes l'un sur l'autre, le dos de l'un à droite, l'autre à gauche, ce qu'on appelle *béche fait,* afin que la colle d'un volume ne touche pas le volume suivant.

L'endossure à l'anglaise a été imaginée pour éviter les inconvéniens qui arrivent lorsqu'un ouvrier maladroit se sert du poinçon à en-

---

(1) Dans toutes ces opérations nous ne parlons que d'un volume; mais l'on doit toujours entendre que le relieur ne mène pas un volume seul, et qu'il opère toujours par paquets de huit à dix volumes de même dimension. L'ouvrage en va plus vite et se fait mieux.

dosser sans avoir pris les précautions que nous avons indiquées. On doit employer aussi la même endossure pour un volume qui a beaucoup de planches, de cartes ou de tableaux qui se plient, parce que le dos étant moins fourni que la tranche, il est plus lâche, et l'on aurait trop de peine pour faire agir, sans danger, le poinçon à endosser. L'endossure à l'anglaise donne beaucoup de facilité pour faire le mors indispensable pour bien couvrir les cartons épais.

Le volume, au sortir de la couture, présente une surface plus plane du côté du premier cahier que du côté du dernier, parce que le premier cahier étant sans cesse couché sur la table du cousoir, est continuellement comprimé par les ciseaux de la couturière, qui appuie à plat sur la couture chaque fois qu'elle a terminé un cahier. Pour commencer à faire le mors, on place le volume sur le plat de la presse, la tranche devant soi, le premier cahier en dessous. On appuie la main gauche à plat et ouverte sur le volume, le pouce sur la tranche pour former point d'appui; avec les quatre doigts on tire vers soi les feuillets, pendant que de la main droite on frappe avec un marteau sur l'angle du dos, à petits coups, afin de l'arrondir.

L'ouvrier place ensuite le volume entre deux *membrures* garnies de bandes de fer sur leur épaisseur ; il fait déborder le volume au-dessus de l'ais d'une hauteur plus ou moins grande, mais égale, de chaque côté, selon qu'il veut former un mors plus ou moins épais, et selon que le carton qu'il se propose d'employer est plus ou moins fort. Il descend le volume entre les deux membrures dans la presse, presque au niveau de la partie supérieure des membrures ; il serre fortement. Alors il se place au-devant de la presse, et avec le marteau il frappe à petits coups sur le bord du dos, des deux côtés, pour former le mors.

Si par cas il arrivait qu'on eût employé de la colle un peu trop forte, et qu'on craignît qu'elle ne s'écaillât en frappant avec le marteau, soit en formant le mors, soit en arrondissant le dos, on donnerait l'élasticité nécessaire à la colle en l'humectant un peu avec une éponge légèrement mouillée.

Les cartons ayant été préparés comme nous l'avons dit, en parlant de la manière de les fixer au volume pour l'endossure à la française, page 73, on les présente sur le volume à la place qu'ils doivent occuper devant le mors, les ficelles relevées ; avec un poinçon on marque vis-à-vis de chaque ficelle un trait de cinq à six lignes de long dans une direction perpendiculaire au bord du carton sur lequel est collée une bande de papier, comme nous l'avons dit. On pose le carton sur une planche, le trait en haut, et l'on perce avec le poinçon et par un coup de marteau, un trou vertical, à une ligne du bord, sur le trait ; on retourne le carton, et dans la même direction du trait, on perce, de la même manière, un second trou, à une distance d'une ligne et demie du premier, pour un volume in-octavo. Ces deux trous sont suffisans pour passer chaque ficelle.

Lorsqu'on veut faire un ouvrage très propre, on doit chercher à cacher le pli de la ficelle dans l'intérieur du carton. Pour cela, on incline le poinçon lorsqu'on fait le premier trou, de manière que sur la face supérieure, il se trouve à une ligne du bord, et que sur la face inférieure, il sorte à une ligne trois quarts du même bord. Après avoir retourné le carton on met la pointe du poinçon dans le même trou, et on l'incline de trois quarts de ligne pour qu'il présente un trou sur l'autre face à une ligne et demie du premier et dans la même direction que dans le premier cas. Il est facile de concevoir que la ficelle, passant dans ces deux trous qui forment un trou continu, elle ne paraîtra pas par-dessous.

Les cartons préparés, comme nous venons de le dire, soit d'une manière, soit de l'autre, on effiloche les ficelles, on les encolle, et de suite, après les avoir tortillées sur le genou et sur le tablier, on pique les cartons. Il ne faut pas perdre de vue qu'il n'y a ici que deux trous ; on tire bien la ficelle en poussant le carton vers le mors, pour le bien appliquer contre ; on coupe la ficelle à six lignes du dernier trou, et après avoir éparpillé et aplati ce bout de ficelle, on le plie du côté de la queue du volume ; on passe dessous un peu de colle de farine avec la pointe d'un couteau, et on le colle dans cette position.

Lorsque, pour la couture, on a substitué à la ficelle un ruban étroit en fil ou en soie, on ne peut pas percer le carton avec un poinçon rond, comme pour la ficelle. Dans ce cas, on le perce avec un poinçon plat, comme un ciseau de menuisier, de la largeur du petit ruban. Avec ce poinçon plat, on fait les deux trous que nous venons d'indiquer, et l'on colle le bout sur le carton.

Cela fait, on place ce volume entre deux ais, avec les précautions que nous avons indiquées dans la manière d'endosser à la française, et on le trempe à la colle de farine, comme dans cette dernière endossure, et comme s'il n'avait pas déjà été encollé à la colle-forte. On le gratte ou on ne le gratte pas, selon que les cahiers sont plus ou moins durs. On le frotte comme les autres et avec le même soin. Ici se termine la différence qui existe entre l'endossure à l'anglaise et l'endossure à la française : ce qui suit est commun aux deux manières d'endosser.

On met les paquets de volumes les dos tournés devant le feu, ou exposés à un soleil ardent, pour les faire promptement sécher. Quand ils sont presque secs, on en revisite les mors avec le frottoir en fer, afin de les bien égaliser ; ensuite, avec un frottoir en buis, on unit le dos, afin de le rendre parfaitement lisse ; puis on y passe de la colle-forte légère, et on la fait bien sécher devant le feu.

Il ne faut jamais se servir d'une étuve pour

faire sécher les dos , quand bien même on en aurait une à sa disposition , parce qu'en séchant le dos, on sécherait en même temps le volume ; les feuilles alors se gauderaient et présenteraient des *noix*, toujours fort désagréables à la vue en ouvrant un livre.

§. X. *Préparation pour la rognure.*

On défait le paquet, c'est-à-dire qu'on le délie et qu'on sépare les volumes. On colle à chacun la garde blanche, on laisse tomber librement dessus le papier de couleur qui est déjà collé à l'endossure à la française ; on appuie légèrement dessus les deux feuillets de papier de couleur, et on laisse tomber dessus le carton sans le forcer. Nous devons faire cette observation, *sans le forcer*, parce que, si l'on conduisait ce carton avec la main, et pour peu qu'on le forçât, il ferait reculer les sauve-gardes et les gardes ; on ferait un paquet dans le mors, ce qui gâterait ensuite la reliure ; on ne pourrait plus le réparer. Il faut que les sauve-gardes et les gardes restent toujours bien étendues. On les met à la presse, entre des ais.

Dans l'endossure à l'anglaise, on n'a pas encore placé la garde de papier de couleur ;

c'est ici le moment de la coller. Lorsqu'on veut faire un ouvrage très propre, on a dû avoir soin de faire coudre des sauve-gardes de la même grandeur que les gardes, ou au moins que la moitié de la sauve-garde qui touchera le carton, soit une simple bande, tandis que l'autre moitié, qui se collera immédiatement dessus, soit un feuillet entier. Cela évite ces demi-largeurs de papier qui, appliquées l'une sur l'autre, forment des épaisseurs qui sont désagréables lorsqu'on ouvre la couverture.

Si l'on veut placer une charnière, en veau ou en maroquin, il faut toujours qu'elle soit conforme à la couverture ; et si c'est en veau ou en maroquin, il faut toujours qu'il soit paré pour réduire l'épaisseur à rien sur les bords, et coller cette charnière avant de coller la garde. Cette charnière est une bande de un pouce et demi à deux pouces de large, que l'on plie par le milieu de sa longueur, après l'avoir parée. On n'en colle qu'une moitié sur la garde blanche et vers le mors ; l'autre moitié se collera plus tard, lorsque le livre sera couvert.

On met le volume en presse, entre des *ais à mettre en presse*, c'est-à-dire des ais de la grandeur du volume et à surfaces parallèles. On l'y laisse le plus long-temps qu'il est possible.

En ôtant les volumes de la presse, et après les avoir sortis de dessous les ais, on dégage les cartons des sauve-gardes que la pression y a fait adhérer et qui y tiennent un peu; on fait vaciller les cartons pour les faire monter et descendre.

§. XI. *Rognure.*

Avant d'indiquer la manière de rogner le volume, il est important de décrire la presse à rogner.

Description de la presse à rogner, de son fût et de son couteau.

La presse à rogner est semblable à la presse à endosser. Elle est composée de six pièces : 1°. deux jumelles AB (*fig.* 5), de 3 pieds 6 pouces de long, 6 pouces et demi de large et 5 pouces d'épaisseur : 2°. deux clefs, de 2 pieds de long et 2 pouces en carré; 3° deux vis EF, dont la longueur totale est de 2 pieds 4 pouces. Pour avoir une force suffisante, les vis doivent avoir 2 pouces et demi de diamètre, et les pas serrés autant que peut le permettre la résistance du bois.

La tête de ces vis est plus grosse que leur corps, afin de bien appuyer contre la jumelle et exercer la pression désirable. Cette tête est percée de deux trous diamétralement opposés. C'est dans ces trous qu'on passe la barre C pour faire mouvoir la vis. La tête de ces vis a environ 6 pouces de long. Les filets de la vis ne descendent qu'à 5 pouces de la tête : c'est dans cet espace, qu'on appelle le *blanc de la vis*, qu'on a creusé autour une rainûre de 9 lignes de diamètre, 4 lign. et demie de profondeur, qui reçoit une cheville de ce diamètre, sur laquelle la vis tourne sans que la tête sorte, et elle pousse ou attire l'autre jumelle. Cette cheville traverse la jumelle de devant.

Les deux jumelles sont renforcées chacune intérieurement par une tringle de bois dur, d'un quart de pouce d'épaisseur, dressée en frein, c'est-à-dire plus épaisse vers le bord supérieur de la jumelle, avec lequel elle affleure, que par le bas. Cette disposition est nécessaire pour que le livre soit bien serré par le haut où s'opère la rognure.

Le même pas de vis est pratiqué dans les trous de la jumelle de derrière, qui sert d'écrou à chaque vis. Au-dessus de cette jumelle est fixé un liteau de bois dur qui sert à diriger le fût du couteau. Ce liteau, de 8 à 9 lignes de large et 6 lignes d'épaisseur, est fixé parallèlement à la ligne qui joint les deux jumelles. Il est reçu dans une rainure pratiquée au-dessous du fût, dans laquelle la vis est taraudée.

Du fût. Le fût à rogner est une petite presse destinée à glisser sur la grande que nous venons de décrire. Elle est formée de deux jumelles, de deux clefs, et d'une seule vis. Ces pièces sont assemblées comme celles de la presse à rogner. La jumelle de devant, contre laquelle appuie la tête de la vis, porte, par-dessous, le couteau. Ce couteau, qui est en acier, et dont le tranchant est aiguisé en fer de lance, est reçu, en queue d'aronde, dans une pièce de fer portée par la jumelle de devant. On sort plus ou moins ce couteau à volonté, et on le fixe, à l'endroit convenable par une vis, à oreilles, taraudée dans la partie supérieure de la pièce de fer qui le supporte.

La pièce de fer qui supporte le couteau est placée sous la jumelle de devant ; elle est fixée à cette jumelle par un boulon à vis à tête carrée, dont la tige traverse la jumelle à côté du blanc de la vis, et remplace la cheville de bois qui empêche la vis de sortir dans la presse à rogner : elle se loge, comme cette dernière, dans une entaille circulaire creusée autour. Ce boulon se termine, en dessus du fût, par une vis qui est serrée par un écrou à oreilles.

Le dessous de la plaque dont nous venons de parler est en queue d'aronde ; il reçoit le manche du couteau, qui, ayant une même forme, y glisse librement et sans jeu. L'extrémité du couteau est comprimée, vers son tranchant, par une vis à oreille, comme nous l'avons dit, pour le fixer au point convenable. C'est un relieur de Lyon qui a imaginé ce perfectionnement, et de là lui est venu le nom de *fût à la lyonnaise*, qui est le meilleur de tous.

La manière de préparer les volumes pour les soumettre à la rognure est très importante ; le dos doit faire, avec le haut et le bas des cartons, deux angles droits, et la tranche doit être parallèle au dos, de sorte que tous les angles doivent être droits sur les deux faces du volume : on ne peut pas s'écarter de cette règle sans présenter une forme désagréable à l'œil. Pour opérer avec exactitude et sans tâtonnement, on a imaginé une forme d'équerre qu'il est bon de décrire.

Sur une plaque de fer de 5 à 6 pouces de long, 18 lignes de large, et 2 à 3 lignes d'épaisseur, on pratique dans sa partie supérieure, et dans le milieu de sa largeur, une entaille de 3 lignes de large et de 2 pouces de long. On ajuste dans cette entaille une plaque de tôle de 3 lignes d'épaisseur, de 6 pouces de long, de 2 pouces de large dans la partie qui doit se trouver dans l'entaille, et qui se termine à 6 lignes de large par son autre extrémité. On soude, à la soudure forte, ces deux pièces l'une sur l'autre, et l'on a formé, de cette manière, à peu près une équerre qu'il ne s'agit plus que de rectifier à la lime. On a construit ainsi une *équerre à rebords*. (*Voyez* l'explication des figures, avant le Vocabulaire.)

A l'aide de cette équerre, il est facile de marquer la rognure à angles droits. Voici comment on s'y prend. On descend les deux cartons au niveau des feuilles de la tête, on appuie le rebord de l'équerre contre le dos du livre, tandis qu'on dirige l'autre branche vers le haut du carton, et l'on marque un trait le long de cette branche qui indique tout le papier qu'on veut enlever, en atteignant tous les feuillets et en laissant le plus de marge possible. On prend un morceau de carton également épais partout, que l'on place derrière le volume, le dos tourné vers soi. On emploie ce carton, également épais partout, lorsqu'on est certain que le couteau marche bien, c'est-à-dire qu'en le faisant mouvoir avec son fût, il marche parallèlement à la surface de la presse à rogner. L'ouvrier est au bout de la presse, la jambe droite en avant, alors il a tous ses mouvemens libres, il n'est point gêné.

Mais si, au contraire, malgré qu'on ait mis de petites cales dans le fût pour relever ou pour abaisser la pointe du couteau selon le besoin, l'on n'a pas pu parvenir à le faire marcher parallèlement à la surface de la presse à rogner, alors on tâche de gagner ce qui peut manquer, par le carton qu'on place derrière le volume. Si le couteau a le défaut de monter on met un carton plus mince par le haut que par le bas, et on fait le contraire si le couteau a le défaut de baisser ou de plonger.

Tout étant ainsi bien disposé, l'ouvrier prend la bande de carton convenable de la main gauche, il la place sous le volume qu'il tient de la main droite, le dos tourné vers lui.

Alors, de la main gauche qui tient la bande,
il saisit légèrement le volume par la tête; il a
soin de ne forcer ni de la main gauche ni de
la main droite en le mettant en presse, pour
ne pas faire monter ou descendre les feuilles.
Il le met en presse sans le contraindre, et après
l'avoir descendu au niveau du trait, il serre
la presse.

L'ouvrier prend le fût, de la main droite,
par la tête de la vis, il le place sur la coulisse,
et, avec le pouce et les trois derniers doigts de
la main gauche dont la paume appuie sur la
première clef, il empoigne la vis, tandis qu'il
appuie l'index sur l'autre clef. Par ce moyen,
il empêche le fût de vaciller. Il ne doit faire
avancer le couteau que peu à la fois, en tournant faiblement la vis de la main droite. Il
doit rogner tout un côté sans discontinuer;
car autrement il s'exposerait à faire des sauts,
et la rognure ne serait pas unie. Il ne faut pas
que l'ouvrier fasse de grands mouvemens,
l'avant-bras doit seul travailler; le couteau
ne doit, dans sa marche, couper qu'en s'éloignant du corps.

Après avoir rogné la tête, on s'occupe de
la rognure de la queue, et il s'agit de marquer

le trait qui doit guider la marche du couteau.
Pour cela, on ouvre le volume, on cherche la
feuille la plus courte, et appuyant le pouce de
la main gauche contre la tranche de la tête,
on appuie contre ce pouce une pointe de compas, et on ouvre l'autre jusqu'au bout de
cette feuille; mais il faut bien observer que ces
deux points soient exactement dans la direction d'une ligne parallèle au dos du volume,
car si on les prenait dans une ligne qui ne
lui fût pas parallèle, on aurait une distance
d'autant plus grande qu'elle s'en éloignerait
davantage. On ferme le volume, on appuie le
même pouce contre le bord du carton près du
dos, et avec l'autre pointe, dont on a soin de
ne pas déranger la distance, on marque un
point sur le carton. On porte ensuite le pouce
vers la gouttière, et l'on marque un second
point de ce côté, en ayant soin que dans ces
deux opérations les deux pointes du compas
se trouvent dans une ligne parallèle à celle du
dos. On marque un trait sur le carton, qui
passe par ces deux points. On peut se servir
pour cela de l'*équerre à rebords* qui peut
même servir à faire apercevoir si l'on avait
fait quelque erreur. Alors on descend égale-

ment les deux cartons du côté de la tête, d'une quantité égale à deux fois la distance dont on veut que la couverture dépasse la tranche d'un seul côté. Après cela on rogne la queue de la même manière qu'on a rogné la tête.

Avant d'enlever le volume de la presse, et après avoir rogné la tête et la queue, on trace, sur le bord de la *gouttière*, un arc de cercle dont le centre est sur le bord du dos au milieu de l'épaisseur du volume, et la circonférence à l'endroit où l'on veut rogner la gouttière. Pour cela on appuie le pouce de la main gauche sur le bord du milieu du dos, et contre ce pouce on appuie une des pointes du compas. On porte l'autre pointe sur le bord de la tranche, à l'endroit où l'on veut rogner la gouttière. On décrit un arc de cercle d'un carton à l'autre ; on retourne le volume vers la queue, et avec la même ouverture de compas on décrit avec les mêmes précautions un arc de cercle semblable.

Pour rogner la tranche, il y a plusieurs précautions à prendre : 1°. L'ouvrier saisit de la main gauche un ais en bois de hêtre, d'une épaisseur égale, de 2 pouces de large et un peu plus long que le volume ; cet ais se nomme *ais de derrière*. De la main droite il pose, sur cet ais, le volume par la tranche, en laissant pendre les cartons : par-dessus le volume il met un ais étroit en bois dur ; cet ais est non seulement plus épais du côté de la tranche que de l'autre côté, mais son épaisseur est en talus du côté de la tranche, afin que la tringle qui est fixée au-dedans de la presse ne gêne pas le volume en sens contraire. 2°. Il saisit ces deux ais et le volume avec la main gauche, en les serrant assez pour que le volume ne se dérange pas, mais pas assez pour qu'il ne puisse pas céder un peu pour former la gouttière. 3°. Il place l'ais de devant au niveau du trait qu'il a marqué avec le compas sur les deux bouts du volume. 4°. Il fait balancer le volume de droite à gauche et de gauche à droite, pour faire prendre au trait une forme concave, régulière et égale des deux côtés, tête et queue. 5°. Alors l'ouvrier fait monter tant soit peu, du côté de la queue, l'ais de devant, afin de remédier, par la rognure, à une faute qu'on fait indispensablement à la pliure (1).

____

(1) La plieuse, lorsqu'elle plie une feuille, supposons un *in-quarto*, met son conteau de bois ou *plioir* dans

9

6°. Il place le volume, ainsi préparé, dans la presse, il serre fortement et rogne la gouttière de la même manière qu'il a rogné les deux côtés, tête et queue.

§. XII. *Faire la tranche.*

On appelle *faire la tranche*, couvrir cette tranche d'une couleur, unie ou jaspée, ou marbrée, ou même la couvrir de feuilles d'or. Le relieur de province doit savoir faire toutes les parties de son art ; mais dans les villes importantes telles que Paris, Lyon, et où la librairie est un objet de commerce considérable, il y a des marbreurs et des doreurs sur tranche qui ne s'occupent exclusivement que de ces deux branches de l'art du relieur, s'en acquittent beaucoup mieux et à bien meilleur

---

le milieu de la feuille, elle en renverse de la main gauche la moitié sur l'autre, et marque le pli, qu'elle achève lorsqu'elle a mis les chiffres l'un sur l'autre en passant son plioir dessus. Elle plie une seconde fois de la même manière, les feuilles adhèrent bien par la tête, mais n'adhèrent pas de même par la queue, et c'est à ce défaut qu'on remédie, en remontant l'ais de devant.

compte que ne pourrait le faire le relieur lorsqu'il s'occupe de toutes les parties.

Le relieur de Paris, de Lyon, etc., ne s'occupe que de colorer en jaune, en rouge ou en jaspe les tranches des livres ; il envoie chez le *marbreur* les volumes qui doivent être marbrés, et chez le *doreur sur tranche* ceux dont cette partie doit être dorée. Nous considérerons donc ces deux derniers arts comme des arts particuliers, que nous décrirons séparément, après avoir terminé la description de l'art du relieur. L'art du *marbreur* formera la Section septième et celui du doreur la Section huitième. Nous nous bornerons ici à décrire la manière dont le relieur *jaunit*, *rougit*, ou *jaspe* la tranche des livres.

Des couleurs et de leur emploi.

Les couleurs les plus usitées sont le *rouge*, le *jaune* et le *bleu*. Pour le *rouge* on emploie le *vermillon*. Pour le *jaune* on pourrait employer ou l'*orpin jaune* seul, ou le *stil-de-grain* seul ; mais l'orpin donnerait un jaune trop orangé, et le stil-de-grain un jaune trop pâle. On mêle donc le stil-de-grain avec l'orpin dans une proportion telle qu'on obtienne la nuance de jaune qu'on désire. Le *jaune de chrôme* seul est très beau. Pour le *bleu* on prend du *bleu de Prusse*.

On broie parfaitement ces couleurs à l'eau, sur un porphyre, avec la molette. On les délaie ensuite avec de la colle de farine suffisamment liquide; on les met chacune dans des vases particuliers. Rarement on fait les tranches en bleu; cette couleur ne sert ordinairement que pour les jaspures, dont nous parlerons dans un instant.

On prend trois à quatre volumes entre les deux mains, on les bat ensemble par la tête sur la table, afin de faire rentrer les cartons au niveau du volume; on les empile au nombre de huit à dix, couchés sur le bord de la table et prêts à être peints.

Pour le jaune.

On appuie la main gauche sur le bas du livre, et avec un pinceau que l'on a trempé dans la couleur jaune préparée, et qu'on a essuyé sur le bord du vase, on passe la couleur sur la tranche en commençant par le milieu de la tranche et allant vers la gouttière d'un côté et vers le dos de l'autre; on prend cette précaution afin de ne pas laisser amasser de la couleur sur l'angle de la gouttière ; cette couleur en se séchant formerait une élévation désagréable à la vue. On donne deux et trois couches.

On fait la même opération sur la queue, et l'on laisse bien sécher.

On reprend les volumes, on fait tomber les cartons et l'on pose le volume débarrassé de ses cartons sur un ais, on met un autre ais sur le volume, et ainsi de suite jusqu'à la fin du tas, qu'on termine par un ais. On appuie la main gauche à plat sur ce dernier ais, et l'on peint la gouttière comme on a peint les deux bouts en commençant par le milieu de sa longueur et pour les mêmes raisons ; on laisse bien sécher.

Pour le rouge.

On opère de la même manière, en employant la couleur rouge au lieu de la couleur jaune.

Pour les jaspés.

On ne jaspe guère que sur le jaune ou sur le blanc ; on pourrait jasper sur le rouge, mais cette sorte de jaspe ne produit un effet agréable que lorsque le rouge est très pâle. On le met à la nuance convenable en y mêlant du blanc de plomb, en broyant.

On place les volumes debout sur une table entre deux forts billots de bois, ou dans une vieille presse afin de les bien serrer; ensuite avec un gros pinceau à long manche, en forme de petit balai, fait avec des racines de chiendent ou de riz, on prend de la main droite de la couleur bleue très pâle, et qu'on a bien essuyée sur le bord du pot qui la contient; on saisit de la main gauche une barre de fer de la presse, on élève les bras en s'éloignant suffisamment des volumes, et l'on frappe du manche du pinceau sur la barre de fer pour faire tomber de haut, sur les volumes, de petites gouttes de couleur comme une légère pluie fine. On frappe légèrement en commençant, et de plus fort en plus fort à mesure que le pinceau devient de moins en moins chargé de couleur. Plus les gouttes sont fines et plus le jaspé est beau.

On peut jasper en deux couleurs, sur le jaune et sur le rouge pâle. Sur le jaune, d'abord avec le bleu clair, et ensuite avec le rouge. Sur le rouge, avec le bleu un peu plus foncé que sur le blanc, ensuite avec le jaune foncé.

Le vert mêlé dans les jaspures fait aussi un assez joli effet, lorsqu'il est combiné avec goût. On se sert pour cela du *vert de vessie*, qui n'a pas besoin d'être broyé : il se délaie dans l'eau facilement, et il porte sa gomme ou sa colle. On le mêle avec de la *gomme-gutte*, qui se délaie de même dans l'eau, et l'on produit ainsi des nuances de vert extrêmement agréables. Il se combine très bien avec le jaune, le bleu et le rouge dans les jaspés.

Quant aux tranches *marbrées* (*voyez* la *Section du Marbreur*), et pour les tranches *dorées* ou *peintes et dorées ensuite* (*voyez* la *Section du Doreur*) : lorsque la tranche est faite et bien sèche, on place le *signet ;* c'est un petit ruban étroit, d'une couleur quelconque, que l'on coupe d'une longueur d'environ deux pouces plus grande que le volume ; on en colle un demi-pouce environ sur le dos, au milieu de l'épaisseur du volume, du côté de la tête ; on plie le reste dans l'intérieur du volume, afin que le bout ne sorte pas, de peur de le tacher ou de le déchirer.

§. XIII. *De la Tranchefile.*

On appelle *tranchefile* une sorte d'ornement en fil ou en soie de diverses couleurs,
quelquefois même en fil d'or et d'argent,
qu'on place en tête et en queue d'un livre,
du côté du dos. Il sert à assujettir les cahiers
et à consolider la partie de la couverture qui
les déborde.

La tranchefile se fait ordinairement sur des
noyaux de papier roulé et dont l'extrémité est
collée pour que le noyau ne se déroule pas.
Lorsqu'on les fait sur des noyaux plats, la
tranchefile produit un bien meilleur effet.
Pour cela, on prend une feuille de carton plus
ou moins épaisse, selon la grandeur des livres
qu'on veut tranchefiler; on colle sur les deux
faces de ce carton, avec de la colle de farine,
du parchemin mince; et après l'avoir laissé
bien sécher, on coupe, à la presse à rogner,
des bandes assez étroites pour faire la hauteur
de la chasse des cartons.

On tranchefile de deux manières : on fait la
tranchefile simple, ou bien la *tranchefile à
chapiteau.* Pour les ouvrages ordinaires on
emploie le fil; pour les ouvrages recherchés

on se sert de la soie, et quelquefois des fils d'or et des fils d'argent. Quelle que soit la sorte de tranchefile qu'on veut former, on prend deux aiguillées de fil ou de soie de deux couleurs tranchantes, on les noue l'une à l'autre par un de leurs bouts avec un nœud de tisserand ; on enfile un des bouts dans une longue aiguille, et afin qu'elle ne se désenfile pas, on fait près de la tête un petit nœud à boucle. On place le volume entre les genoux et on le serre, ou bien on le place dans une petite presse, mais dans les deux cas la gouttière devant soi, après avoir baissé les cartons ou châsses.

Tranchefile simple. Tout étant ainsi disposé, supposons qu'on ait pris une aiguillée de fil blanc et une de fil rouge, et que celle de fil blanc soit enfilée dans l'aiguille. On pique l'aiguille dans le volume à cinq à six feuillets du commencement, de manière qu'elle sorte sur le dos, à neuf à dix lignes de la tête, et l'on tire le fil jusqu'à ce qu'on soit arrêté par le nœud, qui se cache dans le cahier ; on pique une seconde fois à peu près au même endroit, et l'on ne serre le point qu'après avoir passé le rouleau de papier ou la petite bande de carton sous l'espèce de boucle que forme le fil blanc qui n'est pas tendu ; on serre alors ce point, et la tranchefile est assujettie. Avant de la mettre en place, on la courbe entre les doigts pour lui faire prendre la rondeur du dos du livre. On prend de la main droite le fil rouge qui pend à la gauche du livre sur le carton, on le fait passer de la gauche vers la droite, en croisant par-dessus le fil blanc, on le passe sous la tranchefile, on en entoure cette dernière, on l'amène vers le côté droit du carton, et l'on serre de manière que le croisement des deux fils touche la tranche du volume. La même opération que nous venons de décrire se répète avec le fil blanc ; ainsi, de la main droite on prend le fil blanc qui pend alors sur le carton à gauche, on le fait passer en croisant dessus le fil rouge, on en enveloppe la tranchefile en le passant dessous de dedans en dehors, et on l'amène vers le côté droit du carton. En répétant ainsi alternativement cette opération, et croisant les deux fils, et passant chaque fois par-dessous la tranchefile qu'on enveloppe, on arrive au côté droit du livre ; mais avant d'y arriver, on a soin, quand on a fait un certain nombre de points croisés, qui forment ce qu'on nomme *chaînette*, qui touche la tranche, de faire une *passe*, c'est-à-dire qu'on pique l'aiguille entre les feuilles, comme on l'a fait la première fois, mais on ne forme qu'un seul point ; cette passe donne du soutien à la tranchefile, et lui fait prendre plus exactement la courbure du dos du livre. On fait plus ou moins de ces passes selon la grosseur du livre ; mais ordinairement pour un in-12 ou un in-8, on n'en fait pas moins de trois ni plus de quatre. Quand on est arrivé au côté droit du livre, on fait une dernière passe en piquant deux fois l'aiguille comme l'on a fait en commençant. On arrête le fil par un nœud et la tranchefile est terminée.

On coupe des deux côtés, avec un couteau bien tranchant, les deux bouts de la tranchefile, au niveau de l'épaisseur du volume, afin que ces bouts ne gênent pas les cartons lorsqu'on veut les fermer.

Tranchefile à chapiteau. Cette tranchefile se fait avec de la soie de deux couleurs bien tranchantes. Elle diffère de la tranchefile simple, 1°. en ce qu'elle est composée de deux noyaux, un gros $a\ a$, et un petit $b\ b$, qu'on place l'un au-dessus de l'autre, comme on les voit *fig.* 7; 2°. en ce que la manière de faire la passe est tout-à-fait différente. La *fig.* 7 représente ce nœud en grand et en donnera une idée. On n'a point serré les nœuds dans ce dessin, afin de laisser apercevoir les différens tours que doit faire le fil ou la soie. On commence comme pour la tranchefile simple.

Quand on a assujetti la tranchefile, on prend de la main droite la soie rouge *c*, qui pend vers le côté gauche du livre, on la croise par-dessus la soie blanche *d*; on la fait passer vers la droite par-dessus la tranchefile *a*, *a*, entre les feuillets du livre en *r* : on la rejette par-dessus le chapiteau *b*, *b*, en *s*; puis, on la ramène par-derrière le chapiteau en *t*, et on la fait passer par-dessus la tranchefile *a*, *a*. En serrant ce nœud, on fait une petite chaînette entre la tranchefile et les feuilles du livre, telle qu'on la voit au point *q*; on répète la même chose avec la soie blanche, le reste se pratique comme à la tranchefile simple.

Tranchefile or et argent. Cette sorte de tranchefile se fait comme celle à chapiteau; la seule différence, c'est qu'on emploie un fil d'or et un fil d'argent ; il faut bien serrer les chaînettes.

Tranchefile en lettres ou en devises. Cette tranchefile se fait de la même manière qu'on fait les bagues en crins ou en cheveux. On forme toujours, au-dessous, une chaînette.

Tranchefile à rubans. La seule différence entre cette tranchefile et les autres, consiste en ce qu'on passe plusieurs tours de suite le fil rouge sur la tranchefile, en faisant la chaînette à chaque tour, et qu'on passe le même nombre de tours le fil blanc autour de la tranchefile, en n'oubliant jamais de faire la chaînette à chaque tour, de sorte que de cette manière on aperçoit un petit ruban rouge, ensuite un petit ruban blanc, ce qui est assez agréable.

§. XIV. *Rabaisser.*

Les cartons de la couverture ont été coupés en tête et en queue en même temps qu'on a rogné le volume par ses deux bouts ; mais il reste à les couper du côté de la gouttière à la longueur convenable : cette opération se nomme *rabaisser.*

Pour cela, on place sur la presse un *ais à rabaisser ;* c'est une planche en bois de hêtre d'environ 2 pouces d'épaisseur, longue de 2 à 3 pieds, bien unie et plus large que le volume n'est long. On pose le volume dessus, la tête devant soi, et le dos à gauche; par conséquent, le livre est couché sur la première feuille, qui repose sur le carton de ce côté; on ouvre l'autre carton qu'on laisse tomber vers la gauche sur l'ais à rabaisser; on passe une règle d'acier bien droite entre le volume et le carton sur lequel il est couché, on enfonce bien ce carton contre le mors, et sans le déranger de cette position, on fait sortir la règle, parallèlement à la première page de la gouttière, d'une quantité un peu plus grande que celle dont le carton doit excéder le volume en tête ou en queue. Alors, de la main gauche ouverte, on appuie fortement sur le bord du volume du côté de la gouttière, on pèse par conséquent sur la règle qu'on tient fixement, tandis que de la main droite armée de la *pointe à rabaisser*, qui est le même couteau que nous avons décrit pour couper le carton, et dont le manche est appuyé contre l'épaule, on coupe le carton, en faisant agir le tranchant contre la règle d'acier.

Il faut faire attention pendant qu'on fait

cette opération, de ne pencher la pointe à rabaisser ni sur la droite ni sur la gauche, parce qu'on couperait alors le carton en biseau, ce qui serait fort désagréable à la vue quand le volume serait couvert.

Lorsque le premier carton est coupé, on retourne le volume, on passe la règle d'acier entre le dernier feuillet et le carton, on pousse bien ce carton contre le mors, et l'on fait sortir la règle au niveau de l'autre carton qu'on a poussé aussi contre le mors; alors on coupe ce carton comme on a coupé l'autre. En redressant le livre sur les cartons, du côté de la gouttière, sur l'ais à rabaisser, le volume ne doit pencher ni sur la droite ni sur la gauche, si l'ais à rabaisser est bien horizontal.

L'habitude qu'a contractée le relieur d'opérer ainsi, à vue d'œil, lui suffit; mais s'il craignait de se tromper, il mesurerait ses distances avec un compas, et marquerait un point sur chaque bout du carton; il dirigerait sa règle sur ces deux points; ce qui est plus parfait et toujours plus sûr.

Cette opération terminée, on bat le carton sur la pierre, en donnant des coups de marteau tout autour, de manière que le second coup couvre le premier sans laisser aucune bosse. On donne ensuite quelques coups dans le milieu ; par ce moyen le carton est aminci et est devenu plus dur.

§. XV. *Couper les coins, coller la carte et les coins en parchemin.*

Autrefois les relieurs coupaient les coins intérieurs des cartons du côté du dos, en prenant de loin, environ un pouce, et arrivant au bord ; mais en couvrant le volume et en collant les gardes, il se formait dans ce vide un paquet de papier plissé qui produisait un vilain effet. Aujourd'hui on n'opère plus de même, et l'ouvrage est plus propre : on coupe seulement, avec de gros ciseaux, ou avec le couteau à parer, le petit angle qui excède la tranche.

Cela fait, avec un morceau de bois rond on abat, en frottant fortement, les nœuds des tranchefiles ; ensuite on colle sur le dos, proprement avec de la colle de farine, ou une bande de parchemin mouillé, ou bien une bande de toile avec de la colle-forte légère et chaude. Ces bandes doivent partir de l'extrémité supérieure d'une tranchefile à l'autre, être collées sur les tranchefiles du côté du dos, ainsi que sur le dos, et doivent avoir toujours la largeur du dos.

Pour que les volumes gréqués s'ouvrent à dos brisé, il est nécessaire que la couverture ne soit pas collée immédiatement sur le dos; pour y parvenir, on place sur le dos un carton mince et fort : c'est un carton fait avec des feuilles de papier collées les unes sur les autres; ce carton, préparé par le cartier, s'appelle *carte*. On coupe donc la carte de la largeur du dos et de la longueur du volume ; on en colle seulement les bords qui viennent se coller sur le mors, et qu'on serre avec des ficelles lorsque cela est nécessaire et que les volumes sont grands, On laisse sécher, ensuite on ôte les ficelles.

La mode veut aujourd'hui que l'on relie les oüvrages à nerfs, et qu'en même temps ils soient à dos brisé. Comme cela serait impossible si l'on avait fait la couture à nerfs saillans, on a imaginé de coudre les livres à la grèque, et de rapporter les nerfs sur la carte, de sorte qu'on a pu en même temps avoir des nerfs larges sur lesquels la dorure produit un effet agréable. Pour cela, on colle des bandes de carton plus ou moins épais sur la carte, et on les espace comme l'on veut. On prépare à l'avance des feuilles de carte sur lesquelles on colle des bandes de carton aux distances convenables, et l'on coupe ensuite ces cartes de la largeur qu'exige l'épaisseur du volume, mais perpendiculairement aux petites bandes. On les colle sur les bords par les mors comme nous venons de le dire. On colle aux quatre coins des morceaux de parchemin mince avec les mêmes précautions qu'on colle les coins de la peau de la couverture, ainsi que nous l'expliquerons au §. 17.

Lorsque nous nous servirons à l'avenir du mot *colle*, sans autre addition, il faut toujours entendre *colle de farine*. Cela, bien convenu une fois pour toutes, évitera des longueurs et des répétitions.

§. XVI. *Couper et parer les peaux.*

La manière de couper les peaux est une opération importante ; le relieur peut faire d'assez grandes économies lorsqu'il sait bien s'y prendre. Il a ordinairement des patrons pour tous les formats ; ces patrons sont en carton, et ils ont une étendue d'un pouce tout autour plus grande que celle du volume tout ouvert.

La basane et le veau sont les deux sortes de peaux qu'on doit faire tremper avant de les couper. On les fait tremper pendant un quart d'heure au plus dans de l'eau bien claire ; on les retire de l'eau et on les plie en deux , fleur contre fleur, afin qu'elles ne se salissent point. Dans cet état, on tord la peau pour en exprimer l'eau , et on la serre bien ; puis on l'étend sur une table bien propre , la fleur en dessus, et par conséquent la chair touche la table. On tire bien la peau dans tous les sens afin de l'étendre et d'effacer les plis : on peut alors couper les morceaux. Lorsqu'on mouille une peau de veau qui doit rester fauve ou d'une couleur unie, on la coupe d'abord sèche , et on la passe rapidement dans un plat avec de l'eau bien claire, on la plie en deux fleur contre fleur, on ne la tord pas. On doit employer ces peaux le plus promptement possible , et surtout, pour éviter les taches , éloigner d'elles tous les objets en fer, qui les rendraient défectueuses.

Le maroquin et le mouton maroquiné ne se trempent pas ; on détruirait le grain, et ils se tacheraient.

Les peaux préparées pour la reliure sont apprêtées exprès ; elles sont minces et d'égale épaisseur partout ; elles sont *dérayées*, comme disent les ouvriers. Si l'on a des patrons, on les présente sur la peau, et on les tourne dans tous les sens pour en tirer le plus grand nombre de morceaux, soit pour le même format, soit pour des formats plus petits ; et l'on met tout à profit de cette manière, soit pour des dos de demi-reliure, soit pour des coins. Lorsqu'on n'a pas de patron, on prend le livre par la gouttière, on laisse tomber les cartons sur la peau, en appuyant le dos, et avec un couteau de bois on marque tout autour sur la peau, à un pouce de distance du livre : on coupe selon cette marque. On plie chaque morceau en deux, fleur contre fleur, afin qu'ils conservent leur humidité, et on les entasse les uns sur les autres pour les parer ensemble.

Le maroquin ne doit pas être mouillé avant de le parer ; on l'étend bien, la fleur en dessus ; on mouille le bout du doigt avec de la salive, et l'on roule les bords en les prenant successivement du côté de la chair afin de les ramollir : alors le couteau à parer prend beaucoup mieux. On ne marque pas le maroquin avec le plioir, on le marque avec de la craie.

Pour parer les peaux, on a une pierre de liais très fine, de quinze pouces de long sur dix de large, et trois d'épaisseur, que l'on imbibe d'huile et qu'on laisse sécher ensuite; lorsqu'elle est parfaitement sèche et qu'elle ne graisse plus, on peut s'en servir. Le couteau est une lame d'acier plate, de deux pouces de large, six à huit pouces de long; elle est enveloppée d'une pièce de cuir, et emmanchée dans un manche de bois de cinq pouces de long. Cette lame se termine en un tranchant un peu arrondi; elle doit être bien affilée, et pour entretenir ce tranchant, les ouvriers la passent de temps en temps sur leur pierre. Leur but, en la passant sur la pierre, n'est pas tant de l'affiler, que de faire passer le morfil de l'acier du côté de la lame qui touche le cuir, et qui la fait mordre davantage. Par le travail, ce morfil se rejette en dessus, et en le passant sur la pierre, on le fait revenir en dessous; ce qui le fait mieux couper.

On étend la peau sur le bord de la pierre, du côté de la fleur, et avec ce couteau on enlève de l'épaisseur de la peau, du côté de la chair, en mourant et en prenant un peu diagonalement à partir d'un pouce ou un pouce et demi du bord, et en allant en mourant jusqu'au bord. Il faut avoir soin de tenir bien en respect la peau de la main gauche, et de ne pas élever ou trop abaisser la main droite qui tient le couteau à parer. Si la main était trop élevée, on couperait la peau avant d'être arrivé au bord; si elle était trop abaissée, il ne couperait pas : il faut un juste milieu, et l'habitude rend bientôt maître.

Toutes les peaux se parent de la même manière : on les plie en deux au fur et à mesure qu'on les pare, comme nous l'avons dit plus haut, et on les entasse afin qu'elles conservent leur humidité.

Le maroquin est un peu plus difficile à parer, parce qu'il n'est pas mouillé, et il demande une main plus exercée.

§. XVII. *Coller la couverture.*

Quelle que soit la substance ou l'étoffe dont on veut couvrir un volume, les manipulations sont les mêmes, il s'agit de coller cette étoffe avec de la colle de farine et d'employer les mêmes procédés. Il n'y a de différence que dans les précautions à prendre pour ne pas faire de taches sur les étoffes précieuses et qui se salissent ou se ternissent facilement, telles que le maroquin, le mouton maroquiné, la moire, le satin, le papier maroquiné, ou d'une couleur unie et délicate. Nous aurons soin d'expliquer ces différences.

Si les peaux qu'on a parées sont de la basane ou du veau, qui sont susceptibles d'être mouillés, comme nous l'avons dit, et qu'elles n'aient pas conservé un peu d'humidité depuis qu'elles ont été parées, on les mouille de nouveau, on les tord et on les entasse après les avoir pliées comme auparavant. On étend bien la peau sur un carton, et on la trempe avec de la colle du côté de la chair, qui doit être appliquée sur le carton. On prend pour cela un gros pinceau bien imbibé de colle; on a soin de la bien distribuer également sur toute la surface, et qu'il n'y en ait pas trop. On enlève ensuite le carton, et l'on étend la peau sur la table, ou mieux sur un autre carton sec. On place la carte sur le milieu de la peau, et l'on passe un peu de colle sur le bord du mors du volume des deux côtés, afin que la carte se colle dans ces deux parties. On pose le volume, la tête en haut à côté de la carte, après avoir mis les *chasses* bien égales ; on retrousse la peau et la carte sur le dos et le restant de la peau sur l'autre carton, en ayant soin de ne pas déranger les *chasses*.

En prenant ces précautions on voit que les chasses sont à la hauteur des tranchefiles et ne les excèdent pas, ce qu'on appelle *arranger les chasses droit à la tranchefile*. On s'aperçoit que la peau dépasse d'un pouce environ tout le tour du volume.

Tout étant ainsi disposé, on place le livre en travers devant soi, posé sur les cartons de la gouttière, le dos en haut, après avoir retiré çà et là la peau qui dépasse les cartons. On prend le livre des deux mains, et à pleines mains, et l'on appuie avec force pour tendre bien la peau sur le dos. On tire fortement la peau avec les deux mains, afin de la tendre parfaitement et sans plis.

Lorsque la peau est bien tendue sur le dos, on pose le livre à plat sur la table, la gouttière vers soi ; on tire la peau avec force, et, avec le plat de la main, on la fait bien appliquer sur le carton ; et, à l'aide d'un plioir bien uni, on frotte sur la peau, dans tous les sens, pour effacer les rides et les plis, et afin d'abattre le

grain. On retourne le livre, toujours la gouttière devant soi, et l'on opère sur ce côté
comme on l'a fait sur le premier.

On ne saurait trop bien tirer la peau sur
le dos et sur les cartons du volume. Cette
opération est indispensable pour que la peau
s'applique exactement tant sur le dos que sur
les plats du livre, et qu'il n'y reste aucun pli,
et en même temps pour amener vers la gouttière l'excédant de la colle qui peut s'y trouver.
On enlève légèrement avec le doigt la colle qui
se présente au bord du carton, et l'on tourne
le volume la queue vers soi; on ouvre la couverture, et avec le pouce de la main gauche
et le plioir de la droite, on rabat la peau qui
dépasse sur le dedans du carton le long de la
gouttière, en la tendant toujours et empê-
chant toute espèce de pli. On passe le plioir
sur la tranche du carton, afin d'en rendre les
angles bien vifs. On en fait autant de l'autre
côté en retournant le volume.

Lorsque les deux côtés de la gouttière sont
bien couverts, on s'occupe de rabattre de
même la peau sur les cartons en tête et en
queue, et de faire la coiffe. Pour cela, on
prend le volume par la gouttière; on pose le

dos du livre sur le bord de la table, en laissant tomber dessus les deux cartons, le livre un peu incliné du haut en bas, et l'angle inférieur de la gouttière appuyé contre le bas de l'estomac, où il est tenu solidement dans une situation verticale. Alors les deux mains du relieur étant libres, il appuie légèrement sur la tête, en décolle un peu la carte, qu'il pousse en arrière, afin d'obtenir la place nécessaire pour remployer la peau devant la tranchefile et sur les cartons. Ce pli se fait selon la ligne droite que présente l'extrémité des deux cartons, en ayant toujours soin de tenir la peau avec les pouces de manière à ce qu'il ne se fasse ni rides ni plis, et que la *coiffe*, qui est l'extrémité du dos qui recouvre la tranchefile, la déborde un peu. Alors on achève de coller la peau sur les deux cartons, en se servant du plioir, et avec les précautions que nous avons indiquées pour la coller du côté de la gouttière. Il ne restera plus que les angles à coller, ce qui se fera dans un instant. On retourne le volume de haut en bas, et l'on colle la peau de ce côté, comme on vient de le faire du côté de la tête.

Avant d'aller plus loin, nous avons quelques

observations importantes à faire. 1o. Si l'on s'aperçoit, en rabattant la peau sur la carte pour faire la coiffe, que celle-ci ne formerait pas une assez grande épaisseur, alors on introduit sous la peau, avant de la rabattre, un petit morceau de peau mince ou un morceau de papier, après l'avoir collé sur ses deux surfaces, ce qui donne l'épaisseur convenable.

2°. Si la couverture est en veau fauve, en maroquin, en mouton maroquiné, en soie, etc., qui par leur nature exigent la plus grande propreté, pour ne pas les tacher ou pour ne pas altérer leurs formes, on ne les tire pas avec toute la force que nous avons prescrite pour la basane et le veau ordinaire. On se contente de bien appliquer la couverture en serrant avec le pouce et le restant de la main, en même temps sur les deux faces du livre auprès du dos; et surtout avoir les mains très propres, un tablier blanc, et travailler sur une table couverte d'une serviette propre pliée en deux ou en quatre. Le maroquin exige surtout de grandes précautions, ainsi que les peaux maroquinées, afin de ne pas abattre leur grain; il faut bien se garder de frotter sur ces peaux, avec le plioir, au moins aussi fort que nous l'avons indiqué pour les autres peaux.

3°. Lorsqu'il s'agit de faire la coiffe à ces couvertures délicates, il y a aussi une précaution importante à prendre. Pour les couvertures ordinaires, nous avons dit d'appuyer le dos du livre sur le bord de la table en l'inclinant un peu vers soi, et le tenant par la gouttière avec l'estomac. Ici cela se fait de même; mais pour ne pas s'exposer à tacher le dos, ou pour ne pas y faire des marques qu'on ne pourrait peut-être plus enlever, on prend un morceau de carton de la grandeur du volume fermé; on le met sur le bord de la table, on appuie le dos dessus, et, en le faisant basculer, on entraîne le carton qui garantit le dos précieux qu'on a l'intention de préserver de tout accident. On ne saurait recommander une trop grande propreté dans ces divers cas.

4°. Lorsqu'il s'agit de ces couvertures précieuses ou délicates, on doit coller sur le carton du papier blanc, afin d'éviter les taches que le carton pourrait communiquer aux couvertures. Les ouvriers appellent cela *blanchir le carton.*

5°. Avant de couvrir un volume doré sur tranche, on enveloppe les trois parties de la tranche avec du papier bien propre dont on colle les extrémités l'une sur l'autre légèrement, afin de ne pas dégrader la dorure dans les opérations subséquentes, ou lui faire perdre sa fraîcheur. On enlève ces papiers lorsque la reliure est terminée.

6°. Si l'on venait à faire disparaître le grain du maroquin, on pourrait y suppléer en le pressant sous des ais qui seraient gravés exprès, comme pour la gaufrure, dont nous parlerons plus bas.

Reprenons actuellement la suite de nos opérations.

Coller les angles.

On ouvre le volume, on redresse les peaux qui, dans les diverses opérations qui viennent d'être décrites, se sont couchées l'une sur l'autre du côté des angles. On les relève dans une position à peu près perpendiculaire au carton ; on les pince entre le pouce et l'index, comme si l'on voulait les coller l'une sur l'autre; alors, avec des ciseaux, on les coupe en biais jusque tout auprès de la pointe de l'angle du coin, et l'on ne laisse que ce qui est nécessaire pour que les peaux se recouvrent sans laisser voir le carton. Après cette préparation on met, avec le bout du doigt, un peu de colle sur les peaux et sur le carton, et on les applique l'une sur l'autre en appuyant avec le doigt, ensuite avec le plioir, afin d'éviter tous les plis.

Les angles en parchemin que l'on place avant de coller la couverture, ainsi que nous l'avons dit page 114, se collent de la même manière que nous venons de l'indiquer.

On passe le plioir fortement dans les mors, afin de faire bien coller la couverture dans cette partie, pour les bien arranger et les rendre parfaitement uniformes.

Achever la coiffe.

La coiffe est une des parties les plus importantes du volume; on doit la rendre le plus solide possible. C'est par la coiffe qu'on prend le volume pour le sortir de la bibliothèque; l'on court le risque de la déchirer, si elle ne présente pas une grande solidité, et le volume perd toute sa grâce.

Pour terminer la coiffe, on prend un petit plioir en os dont le bout est bien arrondi, quoique un peu pointu, et ne présente aucune partie tranchante. On enfonce la pointe du plioir dans les angles du dos auprès de la tranchefile, afin de bien appliquer les peaux l'une sur l'autre. On appuie fortement avec le même plioir sur les angles du carton qu'on a coupés auprès du dos, et qu'on nomme *mors du carton*, afin d'y faire bien appliquer la peau dans tous les sens. On rabat ensuite la peau sur la tranchefile, en frappant doucement dessus avec le plat du plioir; ce qui s'appelle *coiffer la tranchefile*. Cette dernière opération, qui peut se faire comme nous venons de la décrire, se faisait autrefois de cette manière; mais aujourd'hui elle se fait avec plus de facilité et beaucoup mieux, en s'y prenant comme nous allons l'indiquer.

On prend le volume de la main gauche, on le pose verticalement en travers devant soi, le dos appuyé sur la table : de la main droite on tient le plioir en os appuyé sur la table par son tranchant, son plat contre la coiffe; on fait basculer circulairement le volume sur son dos, en appuyant le plioir contre la peau. Par ce moyen la coiffe prend une jolie forme régulière, la tranchefile se trouve bien cou-

verte, et cette opération n'exige que quelques
instans pour que la coiffe et les cartons ne forment qu'une ligne droite. On en fait autant sur
la queue et avec les mêmes précautions.

On passe le même plioir sur les bords des
cartons afin qu'ils présentent une face bien
carrée, les angles saillans et non arrondis,
comme ils le seraient sans cette manipulation.

On place entre les deux cartons de la couverture et le volume un morceau de papier
qu'on a arraché de la couverture d'une brochure en la débrochant pour la relier. Ce papier, plus épais qu'une feuille simple, garantit
le volume de l'humidité.

Aussitôt que le volume est arrivé à ce point,
on le met à la presse entre deux *ais à mettre
en presse*, afin de bien marquer le mors. Ces
ais sont plus épais d'un côté que de l'autre ; on place l'angle du côté épais dans le
mors et bien également des deux côtés du volume, de sorte qu'en serrant la presse, le volume est seulement comprimé dans ces points ;
tout le reste est libre. Lorsque le mors est
bien marqué, ce qui a lieu après quelques
minutes, on l'ôte de la presse, et on le met en
pile pour le faire sécher.

Pour les volumes couverts de maroquin, etc., on les met en presse en sens contraire, la gouttière en dessus, afin que les plats ne touchent pas la presse.

Si le volume est couvert en veau qui doit rester fauve, on frotte toute la couverture avec une légère dissolution d'alun.

Fouetter et défouetter.

Lorsque le volume a été cousu à nerfs, ces nerfs doivent être saillans, et le livre ne peut pas être à dos brisé. Nous avons dit (§. 15, page 113) qu'on figure des nerfs sur les volumes gréqués à dos brisé ; il est bon pourtant de bien marquer les nerfs aux uns et aux autres ; c'est ce qu'on appelle *fouetter*, c'est-à-dire les lier avec une sorte de petite corde qu'on nomme *corde à fouet*. Voici comment on opère.

On prend deux ais plus longs que le volume ; on place ce volume entre les ais de manière que ceux-ci débordent la gouttière. On fait une boucle au bout de la ficelle, on en enveloppe les bouts des deux ais, et l'on serre fortement ; on fait deux ou trois tours et l'on arrête la ficelle : de là on passe à l'autre bout et l'on en enveloppe l'excédant des ais de ce côté avec la même ficelle, en serrant bien et faisant deux ou trois tours, et l'on arrête de même : alors, avec le restant de la ficelle, on enveloppe les nerfs en croisant les ficelles. Pour bien concevoir cette opération, supposons, pour exemple, que le dos n'ait que trois nerfs, un vers la queue, un vers la tête et un au milieu. On prend le volume de la main gauche, tournant la queue vers soi ; on arrête la ficelle sous les ais près de la queue ; on la fait passer tout près du premier nerf, en laissant le nerf entre la ficelle et la queue, on entoure le volume et l'on ramène la ficelle contre le même nerf. Les deux ficelles bien tendues se trouvent croisées sur le plat du livre, et le nerf est pris entre deux ficelles. De là, on passe au second nerf qu'on embrasse par-dessus, puis par-dessous au second tour ; on en fait autant au troisième et à tous les autres ; enfin on arrête la ficelle et l'on met le livre à sécher. On conçoit facilement que le nerf est parfaitement détaché et très bien marqué.

Lorsque le volume est bien sec, on détache la ficelle et c'est ce qu'on appelle *défouetter* ou ôter le *fouet*.

On ne peut pas fouetter les volumes couverts en maroquin, ou en peau, ou en papiers maroquinés ; on risquerait de gâter le grain qui constitue la beauté de ces couvertures. Dans ce cas, on se sert d'une palette à dorer à deux filets, on la fait un peu chauffer et l'on embrasse le nerf entre ces deux filets, ce qui les détache parfaitement.

Lorsqu'on désire former un double nerf sur le dos du volume, et dans le même cas, on se sert d'une palette à trois filets qu'on applique de même, après l'avoir fait un peu chauffer.

§. XVII. *Racinage et marbrure de la couverture.*

La couverture d'un volume ne serait pas agréable à la vue si on laissait la peau de sa couleur naturelle, comme le maroquin, le mouton et le papier maroquinés ; et même pour ceux-ci, y place-t-on de la dorure pour faire disparaître une trop grande uniformité. On fait aujourd'hui de très beaux racinages et des marbrures avec beaucoup de facilité. Ces ornemens relèvent beaucoup les couvertures des livres, et lorsqu'ils sont faits avec goût, ils ne laissent pas de jeter souvent dans l'embarras les amateurs et même les ouvriers qui voudraient les imiter. Nous allons tâcher de nous faire bien entendre pour éclairer cette partie de l'art qui n'a pas encore été suffisamment décrite.

Comme l'on distingue trois sortes d'ornemens sur la couverture des livres, indépendamment de la dorure et du gaufrage, dont nous parlerons dans la huitième Section, nous diviserons ce paragraphe en autant d'articles, et nous y en ajouterons un pour la préparation des ingrédiens propres à obtenir les racinages, les marbrures et les teintes unies.

De la préparation des ingrédiens.

Nᵒ. 1. *Pour le noir.*

On prépare le noir de plusieurs manières : 1ᵒ. Il suffit de faire dissoudre à chaud, du sulfate de fer (couperose verte), dans de l'eau pure, et de s'en servir ensuite dans les diverses opérations. La peau étant toujours imprégnée de tannin et d'acide gallique dans le procédé du tannage, l'oxide de fer contenu dans le sulfate se combine avec le tannin et l'acide gallique et donne le noir.

2ᵒ. On fait bouillir dans une marmite de fonte de fer, deux litres de vinaigre avec une poignée de vieux clous rouillés, ou une once de sulfate de fer, et l'on obtient de suite le noir. On fait bouillir jusqu'à réduction d'un tiers, et l'on a bien soin d'écumer. On conserve ce noir dans le même vase bien bouché. Il prend de la qualité en vieillissant. Pour l'entretenir on y verse de nouveau vinaigre, on fait bouillir et l'on écume.

3°. On fait bouillir ensemble deux litres de bière; deux litres d'eau dans laquelle on a fait bouillir d'avance de la mie de pain, pour la rendre sûre; un kilogramme de vieux fer, ou de la limaille rouillée; un litre de vinaigre. On écume comme au N° 2, on fait réduire d'un tiers, et on le conserve bien bouché. Ces noirs s'emploient à froid.

Pour empêcher que l'écume qui se forme en trempant plusieurs fois le pinceau dans la liqueur, ne s'attache au pinceau, on prend un peu d'huile qu'on étend sur la main, et on en frotte l'extrémité des brins du chiendent.

N° 2. *Pour le violet.*

On prend une demi-livre de bois d'Inde (connu sous le nom de bois de campêche) coupé en éclats ou effilé; on le fait bouillir à

12

grand feu dans quatre litres d'eau, on y ajoute une once de bois de Brésil, aussi bien effilé ou en poudre; on fait réduire à moitié, et l'on tire à clair. Après avoir remis ce liquide sur le feu, on y ajoute une once d'alun en poudre ou simplement concassé, et deux grammes de crême de tartre; on fait bouillir assez de temps pour que ces sels soient dissous. Cette couleur s'emploie à chaud.

N° 3. *Du Bleu chimique.*

Nous nous sommes convaincu par une foule d'expériences que nous avons faites sur ce bleu, que le procédé donné par *Poerner*, est tout à la fois le plus simple et le meilleur. Il consiste à verser dans un vaisseau de verre quatre onces d'acide sulfurique (122 grammes) à 66°, sur une once (31 grammes) d'indigo finement pulvérisé; à délayer peu à peu la poudre dans l'acide, de manière à en former une espèce de bouillie bien homogène; à chauffer le tout pendant quelques heures, soit au bain de sable, soit au bain-marie, à une température de 25 à 30 degrés Réaumur; à laisser refroidir, et à ajouter alors une partie de bonne potasse du commerce, sèche et réduite en poudre : on agite bien le tout, et on laisse reposer vingt-quatre heures ; on le met ensuite dans une bouteille bouchée, pour s'en servir au besoin.

La couleur de cette dissolution est d'un bleu si foncé, qu'il en paraît presque noir; mais on l'amène à telle nuance de bleu que l'on désire, par l'addition d'une quantité d'eau plus ou moins grande.

Lorsqu'on veut employer de cette dissolution, on ne doit en prendre que la quantité nécessaire pour le travail; on l'étend d'une quantité d'eau suffisante pour obtenir la nuance qu'on désire. Si, après le travail, il restait de cette couleur, on doit la mettre dans une bouteille à part pour s'en servir une autre fois ; mais il faut bien se garder de la verser dans la bouteille qui renferme la dissolution première et non étendue, cette addition la gâterait entièrement.

DES ROUGES.

On emploie trois sortes de *rouges* ; 1º. le rouge commun; 2º. le rouge fin ; 3º. le rouge écarlate. Nous allons donner la composition de ces trois rouges.

N° 4. *Du Rouge commun.*

Dans un chaudron de cuivre étamé, on fait bouillir une demi-livre (245 grammes) de bois de Brésil (Fernambouc) réduit en poudre (1), dans trois litres d'eau ; on y ajoute 8 grammes ou 2 gros de noix de galle blanche concassée, jusqu'à ce que le tout soit réduit aux deux tiers. Alors on ajoute 1 once d'alun et une demi-once de sel ammoniac, l'un et l'autre en poudre ; lorsque ces sels sont dissous, on retire cette décoction du feu et on la passe à travers un tamis. On emploie cette couleur bouillante ; on la fait par conséquent chauffer si elle s'est refroidie.

N° 5. *Du Rouge fin , appelé Ecaille.*

Dans six litres d'eau, on fait bouillir un demi-kilogramme (1 livre) de bois de Brésil (Fernambouc), avec 16 grammes (1 once) de noix de galle blanche concassée. On passe au travers du tamis, on remet le clair sur le

---

(1) Tous les bois colorans dont on veut bien extraire la couleur, doivent être en poudre, ou au moins bien divisés et effilés.

feu et l'on y ajoute 32 grammes (2 onces) d'alun en poudre, et 16 grammes (1 once) de sel ammoniac pareillement en poudre. On laisse jeter un bouillon, et lorsque les sels sont dissous on y verse plus ou moins de la solution d'étain par l'eau régale connue sous le nom de composition pour l'écarlate, dont nous donnerons plus bas, page 141, le procédé, après avoir parlé des couleurs. On met une plus ou moins grande quantité de cette solution selon la nuance qu'on désire. Cette couleur s'emploie bouillante.

N° 6. *Du Rouge écarlate, ou belle Écaille.*

Dans deux litres d'eau bouillante, on jette 1 once de noix de galle blanche en poudre, et 1 once de cochenille aussi en poudre. Après quelques minutes de bouillon, on y ajoute une demi-once de *composition pour l'écarlate,* page 141. On emploie cette couleur chaude.

N° 7. *De la Couleur Orange.*

Dans trois litres d'une dissolution de potasse à deux degrés, ou d'une bonne lessive de cendres de bois neuf bien limpide, on fait bouillir une demi-livre de bois de fustet ; on laisse réduire le liquide à moitié, et l'on y ajoute une once de bon roucou, pilé et broyé avec la lessive. Après quelques bouillons, on ajoute 8 grammes (ou 2 gros) d'alun pulvérisé); on tire à clair. Cette couleur s'emploie chaude.

N° 8. *Du Jaune, à chaud.*

Dans trois litres d'eau, on jette 245 grammes (8 onces) de graines de gaude, et on laisse bouillir. Lorsque la liqueur est réduite à moitié, on passe au travers du tamis, puis on ajoute, au clair, 61 grammes (2 onces) d'alun en poudre, et 30 grammes (1 once) de crême de tartre, aussi en poudre. On fait jeter quelques bouillons, et l'on emploie cette teinture chaude.

Cette couleur peut servir pour le papier et la tranche des livres; mais il faut la coller soit avec de l'amidon, soit avec de la gomme arabique

N° 9. *Du Jaune, à froid.*

On fait dissoudre du bon safran gâtinais dans une suffisante quantité d'esprit de vin ou de bonne eau-de-vie. On rend la couleur plus ou moins foncée par la plus ou moins grande quantité de safran qu'on emploie. On laisse macérer, et on l'emploie à froid. Cette liqueur se conserve dans des flacons bien bouchés.

Elle peut s'employer, comme la précédente, pour le papier et pour les tranches des livres en la collant de même.

N° 10. *De la Couleur Fauve.*

On fait bouillir dans deux litres d'eau une once de tan et autant de noix de galle noire, l'un et l'autre en poudre, jusqu'à réduction de moitié. On obtient une couleur fauve, bonne pour faire un beau racinage, dont le fond doit être fauve. Mais cette couleur ne donne pas l'avantage de pouvoir conserver un fond blanc.

N° 11. *Du Brou-de-noix.*

On peut obtenir de très beaux bruns par le brou de noix bien préparé. Pour cela, au moment où l'on recueille les noix, on ramasse une quantité suffisante de leur enveloppe verte, qu'on nomme *brou* ; on les pile dans un mor-tier pour en exprimer le suc ; on remplit du tout un grand vase capable de contenir trois ou quatre seaux d'eau, on verse dessus de l'eau suffisamment salée jusqu'à ce que le vase soit plein ; on remue bien avec un bâton, et on laisse macérer après avoir très exactement bouché le vase. Après un mois de macération, on passe au travers d'un tamis, et l'on exprime bien le jus, même à la presse ; on le met en bouteilles dans lesquelles on ajoute du sel de cuisine, et l'on bouche. Ce liquide, qui, loin de corroder les peaux, les adoucit, se conserve d'un an à l'autre, et ne produit de bons effets que lorsqu'il commence à prendre la fermentation putride.

DES PRÉPARATIONS CHIMIQUES.

N° 12. *De l'Eau-Forte ou Acide nitrique.*

On ne doit pas employer, pour les racinages et les marbrures, cet acide pur ; il ne doit jamais être au degré de concentration où on le livre dans le commerce ; il corroderait les peaux et les gâterait absolument. L'acide nitrique doit être plus ou moins mitigé ou affaibli. On y ajoute d'abord la moitié de son volume d'eau, sauf à y en ajouter ensuite davantage, selon les circonstances que nous expliquerons.

N° 13. *Dissolution d'étain dans l'eau régale, connue sous de nom de composition pour l'écarlate.*

L'eau régale, à laquelle on a donné ce nom parce qu'elle dissout l'or, qu'on appelait le *roi des métaux*, se compose d'acide nitrique et d'acide muriatique. Cet acide ne se nomme plus aujourd'hui eau régale, il a pris le nom *d'acide hydro-chloro-nitrique*, ou acide *nitro-muriatique*. Les sels qui contiennent l'acide muriatique, dissous dans l'acide nitrique, apportent dans cet acide l'acide muriatique nécessaire pour changer sa nature et lui donner la propriété de dissoudre l'or, etc. ; mais outre l'acide muriatique que contiennent ces sels, tels que le sel ammoniac et le sel de cuisine, ils contiennent encore des alcalis qui donnent au rouge une teinte vineuse. Il est donc plus avantageux d'employer l'acide muriatique pur, au lieu de ces sels, et l'on a une bien plus belle couleur. Voici le procédé à suivre.

Lorsqu'on est bien assuré de la pureté des deux acides, *nitrique* et *muriatique*, qui doivent servir à composer *l'eau régale*, et qu'on est certain de leur degré de concentration, qui doit être de 33 degrés pour *l'acide nitrique*, et de 20 degrés pour *l'acide muriatique*, on mélange ces deux acides avec les précautions suivantes : on prend un ballon de verre d'une capacité double de l'acide que l'on veut avoir ; l'on a soin de choisir le ballon dont le col est le plus long ; on le place sur un lit de sable, l'orifice en haut. L'on verse dans le ballon une partie *d'acide nitrique pur*, et trois *d'acide muriatique*. On laisse dégager les premières vapeurs, qu'il serait dangereux de respirer ; après quoi on couvre l'orifice avec une petite fiole à médecine renversée, qui ne joigne pas assez exactement avec le col du ballon pour trop contraindre les vapeurs, qui pourraient causer la rupture du vaisseau, mais qui puisse les retenir, autant que possible, sans faire courir aucun danger. L'eau régale est formée de suite.

On pèse exactement le ballon qui contient l'eau régale ; on l'avait déjà pesé vide ; on distrait ce premier poids du dernier pour connaître parfaitement le poids de la combinaison des deux acides sur lesquels on doit opérer. On projette dans cet acide, et par petites parties, le huitième de son poids d'étain. Il est nécessaire d'entrer dans quelques détails sur cette opération importante. Supposons que le ballon, à moitié plein, contienne quatre kilogrammes *d'eau régale*, on pèse bien exactement un demi - kilogramme d'étain fin en rubans ou en filets. On divise cet étain en trente-deux parties à peu près égales, de 15 grammes (4 gros) chacune; on projette une de ces portions, et l'on couvre l'orifice du ballon avec la fiole à médecine renversée. L'acide attaque de suite l'étain et le dissout. Pendant ce temps il s'élève beaucoup de vapeurs rougeâtres qui ne sortent pas du ballon, s'il a le col très long, et qui se trouvent même retenues en grande partie par la fiole à médecine, lorsqu'elles arrivent jusque-là, ce qui est même rare, si on a eu la précaution de projeter l'étain par petites quantités. Quand on s'aperçoit que la première portion d'étain est presque entièrement dissoute, on en projette une seconde avec les mêmes précautions que pour la première, et l'on opère de même jusqu'à ce que les trente-deux portions y soient entrées.

L'on observe que les vapeurs *rutilantes* ou rougeâtres diminuent au fur et à mesure que l'acide se *sature* d'étain; qu'il finit par ne plus s'en former, et que même, vers la fin de l'opération, les vapeurs qui remplissaient le ballon ont disparu, soit qu'elles rentrent dans la masse du liquide, soit qu'elles se divisent dans l'atmosphère.

Lorsqu'on emploie l'étain pur, il n'y a point de précipité; mais comme l'étain n'a pas ordinairement le degré de pureté convenable, on obtient un précipité noir et indissoluble, plus ou moins abondant, selon que l'étain est chargé de plus ou moins de parties hétérogènes. L'étain de Malaca est le plus pur : il est avantageux de ne pas en employer d'autre.

Aussitôt que l'étain est complétement dissous, et que la liqueur est entièrement refroidie, on la verse dans des flacons fermés avec des bouchons de cristal usés à l'émeri, et on la conserve pour le besoin. C'est au moment de l'employer qu'on en prend une partie qu'on étend du quart de son poids d'eau distillée. En la traitant ainsi, il ne se forme jamais, au fond du vase, un précipité blanc plus ou moins abondant que les teinturiers obtiennent presque toujours par les procédés qu'ils emploient.

Ce précipité blanc n'est autre chose que de l'oxide d'étain, qui est perdu pour la teinture, puisqu'on se garde bien de s'en servir. La composition contient donc alors moins d'étain en dissolution qu'on ne se proposait de lui en faire contenir; et l'on est surpris, après cela, de trouver des résultats différens en opérant sur les mêmes substances, quoiqu'on en emploie les mêmes quantités.

N° 14. *Autre composition pour l'écarlate.*

Quoique nous n'ignorions pas que le procédé que nous allons donner ne soit pas, à beaucoup près, aussi avantageux que le précédent, par les raisons que nous avons déduites; cependant nous allons donner celui que suivent ordinairement les relieurs, pour ceux d'entre eux qui ne cherchent pas à perfectionner leur art.

Dans un pot de grès suffisamment grand on jette deux onces de sel ammoniac en poudre, et six onces d'étain fin de Malaca en rubans ou en filets : on y verse ensuite douze onces d'eau distillée, et on ajoute une livre d'acide nitrique à 33 degrés. On laisse opérer la dissolution. On obtient toujours un précipité blanc., plus ou moins abondant, qui est de l'oxide d'étain perdu pour l'opération. On laisse reposer, et l'on n'emploie que la partie limpide. Cette dissolution ne peut se conserver que deux ou trois mois ; la première se conserve indéfiniment.

N° 15. *De la Potasse.*

On fait dissoudre, dans un litre et demi d'eau, 245 grammes (une demi-livre) de bonne potasse de Dantzick ou d'Amérique ; on tire à clair, et l'on conserve la liqueur dans une bouteille bouchée.

N° 16. *De l'Eau à Raciner.*

Dans un vase quelconque on verse un ou deux litres d'eau bien limpide, et on y ajoute quelques gouttes de potasse liquide, n° 15.

N° 17. *Préparation de la Glaire d'œuf.*

Sur les glaires de douze œufs on met deux gros d'alcool ou esprit de vin ; on bat bien le tout avec un moussoir à chocolat, qu'on fait rouler vivement entre les deux mains jusqu'à ce qu'on ait beaucoup de mousse. On laisse déposer ; on enlève la mousse, et le liquide clair est passé avec une éponge sur toute la couverture. Il faut passer bien uniment, et ne laisser ni globule, ni autre corps étranger.

Quand on glaire plusieurs fois , il faut bien laisser sécher la première couche avant de passer la seconde, et ainsi de suite. Cette liqueur peut se conserver en bouteille pendant quelque temps.

Des outils nécessaires pour le racinages.

De la célérité que l'on emploie en racinant ou en marbrant les couvertures des livres dépend la réussite de cette opération. Il est donc important que tout ce dont on peut avoir besoin soit disposé d'avance et sous la main , afin de pouvoir opérer le plus promptement qu'il est possible. Indépendamment des divers objets dont nous venons d'indiquer la composition dans le commencement de ce paragraphe, il faut encore avoir des pinceaux faits avec des racines de riz , ou des racines de chien-dent. Ces pinceaux ressemblent plutôt à un balai qu'à un pinceau ; ils sont gros, leur manche est fait d'un bois dur, tel que le houx ; ils ont un pouce de diamètre, et sont formés d'une branche de cet arbrisseau. On doit avoir un pinceau pour chaque couleur et pour chaque ingrédient.

Des éponges de plusieurs qualités différentes.

Des tringles. Pour raciner, il faut avoir deux tringles en bois de 3 pouces de large, de 18 lignes d'épaisseur, de 6 à 7 pieds de long, creusées en gouttière profonde dans toute leur longueur. On les fixe l'une à côté de l'autre sur deux blocs de bois, dont l'un est plus haut que l'autre de 3 à 4 pouces, qui les retiennent inclinées du même côté. Ces deux tringles sont placées à une distance assez grande l'une de l'autre pour que toutes les feuilles du volume puissent se loger entre elles; les deux cartons de la couverture sont étendus sur les tringles.

Une troisième tringle est nécessaire pour couvrir le dos du volume lorsqu'on ne veut pas le raciner ou le marbrer. Cette tringle a deux pouces de large, plus ou moins, selon l'épaisseur du volume; elle est creusée en rond, selon la forme du dos, et sa partie supérieure est creusée en gouttière.

Des pates de lièvre, dont on a coupé carrément, avec des ciseaux, le bout du poil à l'extrémité, sont nécessaires. On s'en sert quelquefois comme d'un pinceau.

En général, avant de raciner ou de marbrer, il faut que la couverture ait été collée avec de la colle de farine, ou mieux de la colle de parchemin bien limpide, qu'on passe également partout avec une éponge, et on laisse sécher.

On peut ensuite se servir, pour les peaux difficiles à raciner, d'une eau dans laquelle on a fait bouillir 12 grammes (4 onces) de noix de galle concassée, et une pincée de sel ammoniac. On la passe également partout avec une éponge, on laisse sécher, et l'on encolle ensuite avec précaution.

Avec cette préparation, on peut raciner des volumes en demi-reliure : on colle pour cela, sur la couverture, du papier blanc ou de la couleur de la peau, mais uni, et l'on racine le dos et le papier tout à la fois, cela fait fort bien.

On peut faire des racinages sur papier, sur bois et même sur verre, en exécutant le procédé suivant. Il y a des personnes qui emploient le tan ; mais cette substance ne leur donne pas la facilité de conserver intacte la couleur du papier.

On peut couvrir d'abord le volume d'un papier de couleur unie quelconque ; mais on doit toujours choisir un papier non lissé. Lorsque le livre est sec, on le passe légèrement en colle. Sur le verre, il faut que la colle soit plus forte ; ensuite on passe dessus la liqueur dont nous allons répéter la recette.

Sur quatre onces de noix de galle on ajoute une pincée de sel ammoniac en poudre dans deux litres d'eau ; on fait bien bouillir le tout ; cette liqueur fait parfaitement prendre le noir de rouille sur le papier, le cuir, le verre, etc.

L'eau dont on se sert pour faire les racines n'est pas pure. Dans un seau d'eau de puits, on fait dissoudre deux onces de sel de tartre. Cette eau se conserve très long-temps ; elle est préférable à l'eau pure ; le racinage est plus distinct, et ne présente pas des parties confuses.

DU RACINAGE.

On nomme *racinage*, des dessins qu'on forme sur les couvertures des volumes et quelquefois sur le dos, qui imitent plus ou moins bien des racines naturelles ou des arbres dépouillés de leurs feuilles. Pour cela on place les volumes sur les tringles, la tête en haut, tous les feuillets entre ces tringles ; et les deux cartons posés à plat sur les mêmes tringles. On en met huit à dix l'un à la queue de l'autre, autant que les tringles peuvent en contenir. Lorsqu'on ne veut pas raciner le dos, on

le couvre avec la tringle concave qui le garantit. Nous allons indiquer plusieurs sortes
de *racinages*.

N° 1. *Bois de Noyer*.

Selon la direction que l'on veut donner aux
racines, on cambre les cartons, soit pour les
creuser ou pour les arrondir. Si l'on voulait,
par exemple, que les racines partissent du milieu de la couverture, on creuserait les cartons ; on les bomberait au contraire, si l'on
voulait que les veines se réunissent sur les
bords. Cela fait, et les livres placés sur les
tringles, comme nous l'avons dit ; avec un
des gros pinceaux dont nous avons parlé,
on jaspe (1) de l'eau bien également, et à
grosses gouttes sur toute la surface de la couverture, et aussitôt qu'on voit les gouttes se
réunir, on jaspe du noir en gouttes très fines
avec le pinceau du noir, et partout bien éga-

(1) Jasper, c'est faire tomber sur la couverture de
grosses ou de petites gouttes d'eau ou d'un autre liquide, soit en secouant le pinceau dessus, soit en frappant le manche du pinceau sur une barre de fer, après
avoir essuyé plus ou moins le pinceau sur le bord du
pot, selon qu'on veut les gouttes plus ou moins grosses.

lement; on doit avoir soin de n'en pas trop jeter. Après avoir jaspé en noir, et selon que la racine est plus ou moins foncée, on donne une teinte rougeâtre en jaspant plus ou moins avec de l'eau de potasse. On laisse foncer les veines suffisamment, après cela on essuie à l'éponge et on laisse sécher; ensuite, on frotte toute la couverture et le dos à sec avec un morceau de drap fin, ce que les ouvriers appellent *serger*; mais on ne doit jamais se servir de serge pour cette opération : cette étoffe serait trop rude, et non seulement elle enleverait la couleur, mais même elle attaquerait l'épiderme de la peau. On ne doit employer qu'un drap fin qui unit bien la surface et en commence le polissage.

Après cette opération on noircit les champs et le dedans du carton (en termes de relieur, *bords* et *bordure*) avec du noir étendu de deux fois son volume d'eau, on le passe avec une pate de lièvre. Cette dernière opération se répétant à tous les volumes, nous ne la décrirons plus, nous l'indiquerons seulement lorsqu'on emploiera une autre couleur que le noir.

Observation. Nous supposons ici que la peau est de sa couleur naturelle, c'est-à-dire fauve;

mais si le volume se trouvait déjà couvert avec une peau teinte d'une couleur quelconque, avant de l'employer pour la couverture, telle que le vert, le bleu clair, etc., il faudrait faire l'inverse, c'est-à-dire qu'après avoir jeté l'eau, il faudrait jasper la potasse, et ensuite le noir. Sans cette précaution le racinage ne pourrait pas prendre, à cause de l'acide qui entre dans la composition de ces couleurs. Cette observation est générale et s'applique à tous les jaspés ; nous ne la répéterons plus.

N° 2. *Bois d'Acajou.*

Ce racinage se fait comme celui du bois de noyer (page 151), la différence consiste à laisser un peu plus foncer le noir ; et, un peu avant qu'il ne soit parfaitement sec, on lui donne, avec la pate de lièvre, deux à trois couches de rouge bien unies ; on laisse bien sécher, puis on frotte avec le drap ; on termine par noircir les champs et le dedans des cartons, comme nous l'avons dit.

En employant le même procédé, on fait des racines de toutes couleurs ; il suffit pour cela de donner une teinte unie. Le bleu s'emploie étendu dans moitié de son volume d'eau, ou moins, suivant la nuance qu'on désire.

N⁰ 3. *Bois de Citronnier.*

Lorsque le racinage est fait comme pour le bois de noyer, mais le noir moins foncé, et un peu avant qu'il ne soit parfaitement sec, on appuie légèrement, avec une petite éponge commune et à gros trous, trempée dans la couleur orange (n° 7 page 137), et l'on imprime sur différentes places de la couverture et du dos, de petites taches en forme de nuages très éloignés les uns des autres; et de suite, avec une autre éponge semblable, on prend du rouge fin (n° 5 page 136), et l'on répète l'opération précédente, et presque sur les mêmes places. On laisse sécher, et l'on donne ensuite deux à trois couches de jaune (n° 9 page 138); on laisse sécher de nouveau et l'on frotte avec le drap. Cette teinte jaune doit être donnée avec la pate de lièvre, et doit être abondante; elle doit couler sur la couverture, sans cela elle ne pénétrerait pas dans le veau, et ne serait pas unie.

N° 4. *Loupe de Buis.*

Pour bien imiter les veines contournées de la loupe de buis, on doit d'abord cambrer les cartons en cinq à six endroits différens et en divers sens ; et après avoir placé le volume entre les tringles, on jaspe de l'eau à petites gouttes : on procède comme pour le bois de noyer (page 151); on laisse sécher. On remet le volume entre les tringles , on jaspe de l'eau à grosses gouttes, et dès qu'elle coule, on jaspe par petites gouttes du bleu étendu dans un volume d'eau égal au sien. On fait en sorte de faire tomber les gouttes vers le dos, et pour cela on se sert de la barbe d'une plume. Ces gouttes se mêlent avec l'eau et coulent sur le plat sous forme de veines déliées, irrégulières et écartées les unes des autres. On laisse sécher et l'on essuie avec une éponge humide ; ensuite avec le rouge écarlate (n° 6, page 137) on fait sur différens endroits des plats et du dos, comme on l'a fait pour le bois de citronnier. On laisse sécher, après quoi on donne deux ou trois couches, avec la pate de lièvre, de la couleur orange (n° 7 page 137); on laisse sécher et on frotte avec le drap.

N° 5. *Marbre coulé à l'eau forte, imitant la pierre du Levant.*

On jaspe à gouttes larges, sur toute la surface de la couverture, du noir affaibli par environ neuf fois son volume d'eau. Lorsqu'on voit les gouttes se réunir, on jette sur le dos de la potasse avec les barbes de deux plumes réunies, et par intervalles de trois à quatre centimètres (quinze à dix-huit lignes), et tout près des mors, afin qu'elle coule sur les plats et qu'elle se réunisse au noir. Pendant que la potasse coule, on jette de la même manière, et près de la potasse, de la composition d'écarlate; elles coulent ensemble en se réunissant sur leurs bords, et forment chacune une veine séparée qui se fondent entre elles. Cela imite parfaitement les veines qu'on aperçoit sur la pierre du Levant. On laisse sécher le marbre, on le lave ensuite à l'éponge; on laisse bien sécher de nouveau, et on le frotte avec le drap.

Nota. Pour faire tous les marbres, on doit jeter le noir le premier; sans cette précaution il ne prendrait pas sur les autres couleurs.

N° 6. *Marbre imitant l'Agate verte.*

On opère comme pour le n° 5; la seule différence consiste à remplacer la potasse par le
vert, qu'on prépare à l'avance en mêlant du
bleu avec du jaune en plus ou moins grande
quantité, selon qu'on veut la nuance plus ou
moins foncée.

N° 7. *Marbre imitant l'Agate bleue.*

Le procédé est le même que pour le n° 5;
on remplace seulement la potasse par du bleu
(page 134) plus ou moins étendu d'eau selon
la nuance qu'on veut avoir.

N° 8. *Marbre imitant l'Agatine.*

Le procédé est encore ici le même que pour
le n° 5; seulement, après avoir jeté la composition d'écarlate (page 141) sur toute la couverture, on jaspe du bleu étendu dans quatre
fois son volume d'eau, à petites gouttes écartées l'une de l'autre; on laisse sécher, on lave
à l'éponge; on laisse bien sécher encore, puis
on frotte avec le drap.

N° 9. *Marbre imitant l'Agate blonde.*

On commence par jasper du noir à petites gouttes très écartées, ensuite on jaspe sur toute la couverture, à grosses gouttes, de la potasse étendue dans deux fois son volume d'eau ; enfin, on opère pour le reste comme au n° 5.

N° 10. *Marbre imitant le Cailloutage.*

On jaspe à grosses gouttes du noir étendu dans dix fois son volume d'eau, sur toute la couverture ; on laisse sécher à demi, ensuite on jaspe de même de la potasse étendue dans deux fois son volume d'eau, et on laisse sécher. On reprend le volume, et l'on jaspe bien également, et par petites gouttes, du rouge écarlate (page 137), et on laisse sécher de nouveau. Enfin on jaspe de même de la composition d'écarlate ; on laisse sécher, et on frotte avec le drap.

N° 11. *Marbre imitant le Porphyre veiné.*

On jaspe bien également, et en grosses gouttes, du noir étendu dans deux fois son volume d'eau. Après avoir laissé sécher à demi, on jaspe de même de la potasse étendue dans une fois son volume d'eau, et on laisse sécher. On jaspe ensuite du rouge écarlate de la même manière, et on laisse encore sécher; on jaspe ensuite du jaune presque bouillant et à grosses gouttes. Pendant que ces gouttes cherchent à se réunir, on jaspe du bleu étendu dans trois fois son volume d'eau, et de suite on jaspe la composition d'écarlate contre le bleu. Alors ces trois couleurs coulent ensemble sur les plats de la couverture, et forment des veines bien distinctes. On laisse sécher, et l'on frotte avec le drap.

N° 12. *Marbre imitant le Porphyre œil de perdrix.*

On jaspe sur toute la couverture du noir étendu d'eau dans huit fois son volume; les gouttes doivent être petites, mais très rapprochées, sans se confondre cependant. Dès que le noir commence à couler, on jaspe, sur le dos, de la potasse étendue dans deux fois son volume d'eau. On la jette près des mors afin qu'en coulant sur les plats elle se mêle avec le noir qu'elle entraîne. On laisse sécher, ensuite on lave à l'éponge, et avant que le tout ne soit sec, on passe deux à trois couches de rouge

fin ; on laisse sécher et l'on frotte avec le drap.
Enfin on jaspe sur toute la surface avec la composition d'écarlate , en grosses gouttes également distribuées ; on laisse sécher et l'on frotte avec le drap.

N° 13. *Autre Porphyre à œil de perdrix , ou à petites gouttes.*

Avec la pate de lièvre , on passe la couverture en entier en rouge, ou en jaune, ou en bleu, ou en vert, bien uniformément ; sur l'une de ces couleurs, et lorsqu'elle est sèche, on passe de même du noir, étendu dans six ou huit fois son volume d'eau , et on laisse sécher ; ensuite on jaspe par-dessus des gouttes plus ou moins grosses, selon le goût du relieur, avec la composition pour l'écarlate. On obtient par ce moyen de petites taches plus ou moins grandes, rouges, jaunes, bleues ou vertes, selon qu'on a employé d'abord l'une ou l'autre de ces couleurs ; on laisse bien sécher et l'on *drape*, c'est-à-dire qu'on frotte avec le drap fin.

L'œil de perdrix, proprement dit, est formé du bleu qu'on jaspe sur du noir étendu d'eau ; et, lorsqu'il est sec, on y jaspe de la composition d'écarlate.

Nº 14. *Marbre imitant le Porphyre rouge.*

On commence par jasper, sur toute la couverture, du noir étendu dans huit fois son volume d'eau, bien également et à petites gouttes; on laisse sécher et l'on drape. On glaire ensuite (*voyez* nº 17, page 146), et l'on donne, avec la pate de lièvre, deux couches de rouge fin; puis une de rouge écarlate, et on laisse sécher. Enfin on jaspe, à petites gouttes, et le plus également qu'on le peut, de la composition d'écarlate; on laisse sécher et l'on drape.

Nº 15. *Marbre imitant le Granit.*

On jaspe, sur toute la couverture, à points très fins, du noir étendu dans vingt-cinq à cinquante fois son volume d'eau, selon qu'on veut une teinte plus ou moins foncée. On laisse sécher, et l'on réitère cette opération cinq à six fois; on laisse sécher à demi, et l'on jaspe par-dessus de la potasse à petits points également répandus; on laisse sécher entièrement, on drape, ensuite on glaire (page 146) légèrement. On jaspe enfin avec la composition d'écarlate comme on a jaspé avec la potasse;

on laisse parfaitement sécher, et ensuite on drape.

N° 16. *Marbre imitant le Porphyre vert.*

Sur le volume encollé avec la colle de peau ou de parchemin, comme nous l'avons prescrit en commençant, opération qui est toujours nécessaire avant de *raciner*, de *marbrer*, ou de décorer de quelque manière que ce soit les couvertures, et lorsque le volume est bien sec, on suit le procédé suivant.

On forme un vert avec de la composition d'indigo (*voyez* n° 3, page 134) et du jaune de graine d'Avignon, qu'on mélange en plus ou moins grande quantité selon la nuance qu'on veut avoir. On jaspe à très petites gouttes, et on laisse sécher ; on recommence à jasper de même jusqu'à trois fois ; on laisse bien sécher, et on frotte avec le drap.

Pour avoir un porphyre plus élégant, on jaspe du noir, on laisse sécher ; ensuite on jaspe du vert, dont nous venons de parler, et, après que le tout est sec, on jaspe du rouge fin nommé écaille (*voyez* n° 5, page 136) ; mais comme ce rouge ne pourrait pas mordre assez si l'on ne prenait que le clair, on y mêle un peu de son marc , et l'on y ajoute un peu de composition d'écarlate qui sert de mordant. L'on jaspe avec cette liqueur, on laisse sécher et l'on drape , c'est-à-dire qu'on frotte avec le drap fin.

Cette couleur ne peut servir pour le *marbre* que nous avons appelé coulé à l'eau forte, imitant la pierre du Levant (*voyez* n° 5 , page 156).

Observation générale.

Les exemples que nous venons de donner sont plus que suffisans pour diriger celui qui se livre à la reliure; il ne faut que du goût et l'amour de son état. A l'aide des couleurs que nous avons décrites , et des procédés que nous avons indiqués , il est facile de varier à l'infini les marbres sur les couvertures des volumes. En voici un exemple pris au hasard sur le *marbre coulé à l'eau forte , imitant la pierre du Levant ,* que nous avons décrit au n° 5 , page 156.

Il est facile de sentir qu'avec un peu de goût, l'ouvrier peut varier cette sorte de marbre de mille manières différentes , en combinant deux à deux, trois à trois, quatre à quatre, cinq à cinq, six à six, les six couleurs qu'il a à sa disposition, 1°. la couleur de racine posée du dos à la gouttière ; 2₀. la potasse forte ou faible ; 3₀. le vert plus ou moins foncé ; 4₀. le bleu pur ou affaibli ; 5₀. le rouge plus ou moins intense ; 6₀. la composition de l'écarlate. Il serait superflu d'entrer dans de plus grands détails sur cet objet ; passons aux teintes unies ou rehaussées d'or.

§. XIX. *Des teintes unies ou rehaussées d'or.*

N° 1. *Couleur de Terre d'Égypte.*

Avec la pate de lièvre, on passe également sur toute la surface du veau encollé, jusqu'aux mors, de l'eau de javelle. On passe plus ou moins de fois, selon qu'on désire une nuance plus ou moins foncée. Il est bon d'observer que les teintes noircissent toujours par les opérations subséquentes, telles que l'encollage, qui est indispensable pour les veaux unis, le glairage et la polissure ; par conséquent on doit les laisser plus claires qu'on ne veut les avoir.

Il en est de même sur la basane, mais les nuances ne sont pas aussi belles.

N° 2. *Couleur de Raisin de Corinthe.*

Les six couleurs unies dont nous allons parler sont généralement connues de tous les relieurs ; cependant, pour ne rien omettre de ce qui est à notre connaissance, nous allons les décrire. D'ailleurs, nous connaissons beaucoup d'ouvriers qui ne suivent pas de bons procédés ; il est utile de leur indiquer les meilleurs.

Nous avons dit que pour les jaspés et pour les marbres, il faut toujours commencer par encoller les couvertures avec la colle de parchemin bien limpide ; il en est de même pour les teintes unies ; ainsi nous ne le répéterons pas à chaque article.

Après l'encollage, on donne, avec la pate de lièvre, une couche de noir étendu dans vingt à vingt-cinq parties d'eau, selon la nuance. On fait en sorte que cette couche soit bien uniforme et sans nuages ; lorsqu'elle est à moitié sèche, on passe de même, et bien également, une couche de potasse étendue de partie égale d'eau ; on laisse sécher, on frotte avec le drap, ensuite on glaire, et l'on donne deux à trois couches de rouge fin (n° 5, page 136); on laisse bien sécher et l'on frotte avec le drap, ou bien l'on *drape*, ce qui est la même chose.

N° 3. *Couleur Verte.*

Après avoir glairé légèrement sur l'encollage sec, on donne, avec la pate de lièvre, trois à quatre couches de vert qu'on a préparé d'avance comme pour le porphyre vert (n° 16, page 162). On laisse sécher, puis on lave avec de l'eau forte, acide nitrique (n° 12, page 140) étendu dans trente fois son volume d'eau, de manière à présenter au goût l'acidité du vinaigre. On peut y suppléer par du bon acide pyroligneux étendu dans six fois son volume d'eau ; on laisse bien sécher et l'on drape.

N° 4. *Couleur Bleue.*

On glaire légèrement, ensuite, avec la pate de lièvre, on passe quatre à cinq couches de bleu chimique (n° 3, page 134) étendu dans une plus ou moins grande quantité d'eau selon la nuance qu'on désire. Cette couleur tire un peu sur le vert, à cause de la couleur jaune du veau, qui lui donne ce reflet ; mais on la ravive en lavant la couverture avec de la composition d'écarlate étendue dans trois ou quatre fois son volume d'eau ; on laisse bien sécher, et l'on drape.

N° 5. *Couleur Brune.*

On donne trois ou quatre couches parfaitement égales de noir étendu dans trois ou quatre parties d'eau, et surtout on doit avoir attention que ces couches soient bien unies et sans nuages ; lorsque la couverture est à demi sèche, on donne une couche de potasse qui fait prendre au noir une teinte roussâtre.

On peut varier cette couleur à l'infini, en étendant le noir ainsi que la potasse dans une plus ou moins grande quantité d'eau.

On peut encore obtenir des couleurs brunes unies, très belles et agréables par l'emploi du brou de noix, dont on donne deux ou trois couches, toujours avec la pate de lièvre. On étend le brou dans une plus ou moins grande quantité d'eau, selon la nuance désirée ; dans ce dernier cas, on laisse bien sécher, puis on *drape.*

Nº 6. *Couleur Tête de Nègre.*

La tête de nègre est une couleur noire tirant sur le bleu, avec un reflet rougeâtre : pour l'imiter, on donne trois couches de noir étendu dans un volume d'eau égal au sien ; on laisse sécher, on glaire, et l'on donne deux à trois couches de rouge (n° 4, page 136) ; on laisse sécher et l'on *drape.*

Nº 7. *Couleur Gris-de-Perle.*

Cette couleur est la plus difficile à obtenir dans tout son éclat, bien unie et sans nuages. Pour y parvenir, on mouille d'abord bien également, avec une éponge, la peau, dans toute son étendue, ensuite on donne plusieurs couches d'eau dans laquelle on a délayé quelques gouttes de noir, pour former un gris très pâle. Plus ce gris est faible, mieux on réussit ; plus on passe de couches, plus on rend le gris foncé. Lorsqu'on a atteint la nuance qu'on désire, on passe une légère couche de rouge fin, écaille (n° 5, page 136), étendu dans beaucoup d'eau, pour donner un léger reflet rougeâtre ; il faut que ce rouge puisse à peine être distingué.

On peut obtenir un gris clair très agréable, en passant, au lieu de rouge, une couche de potasse étendue dans beaucoup d'eau.

MARBRES DORÉS.

N° 8. *Couleur de Lapis-Lazuli.*

Nous avons vu un habile relieur figurer si bien ce marbre, qu'il imitait parfaitement la nature. Il ne l'exécute que sur de grands *in-octavo*, ou des *in-quarto*, ou des *in-folio*; il produit un plus bel effet sur ces deux derniers formats.

Tout le monde sait que le *lapis-lazuli* est un marbre bleu clair, veiné en or; l'imitation de ses veines et de tous ses accidens n'est pas aisée, il faut connaitre un peu l'art de la peinture, et savoir assez habilement manier le pinceau, pour bien imiter la nature. Aussi ne fait-on ce marbre que sur des ouvrages précieux et pour lesquels on est dédommagé des soins qu'on se donne. Voici la manière d'opérer :

Après l'encollage, on place le volume entre les tringles à raciner, et, avec une éponge qui présente de grands trous, et qu'on a trempée dans du bleu chimique étendu dans dix fois son volume d'eau, on fait des taches légères sur

15

toute la couverture, à des distances irrégulières;
ces taches sont comme de légers nuages. On
ajoute un quart de partie de bleu de Prusse,
et après l'avoir bien mêlé, on imprime de
nouveaux nuages un peu plus foncés. On
répète cinq à six fois cette opération en ajoutant à chaque fois un quart de partie de bleu.
Toutes ces couches doivent former des nuances
qui se dégradent comme dans la nature, et il
serait bon d'avoir un modèle artistement
peint, afin d'en approcher le plus possible. On
laisse bien sécher, ensuite on *drape.*

On ne doit poser les veines d'or que lorsque
la couverture est dorée, les gardes collées, en
un mot, quand le volume est prêt à être poli,
ainsi qu'on le verra à la huitième Section , §. II,
de la Dorure sur le dos et sur la couverture.

L'on veine en or avec de l'*or en coquille*; le
mordant dont on se sert pour le faire prendre
et tenir solidement, se prépare avec une partie
de blanc d'œuf auquel on ajoute une partie
d'esprit de vin (alcool) et deux parties d'eau
bien claire ; on bat tout ensemble, et l'on tire
à clair. On humecte une petite quantité de
poudre d'or avec ce liquide, et on l'emploie
avec un très petit pinceau dont se servent les

peintres en miniature. Avec le doigt on masse l'or, et on le fond en différens endroits pour imiter la nature : on ne peut donner aucune règle à cet égard; le goût seul doit diriger l'ouvrier.

Lorsque cette opération délicate est terminée, on laisse bien sécher, et l'on polit avec un fer à polir à peine chaud.

C'est une des plus belles reliures de luxe qu'on puisse faire; mais il faut qu'elle soit bien exécutée

N° 9. Marbre en or.

Cette sorte de marbre n'a jamais été décrite; elle est de l'invention de M. Berthe aîné, qui, comme nous l'avons dit, nous a montré tous les procédés de l'art qu'il exerce avec une rare intelligence et une grande perfection. Ce marbre a jusqu'à ce moment fait le désespoir de tous les relieurs de la Capitale.

On peut l'exécuter sur toutes sortes de fonds unis ; on prend un morceau de drap fin, plus grand qu'un côté de la couverture, on le plie par la moitié sur sa longueur ; on pose ce drap ainsi plié sur un carton, on le déplie, en laissant retomber la moitié sur le carton. On étend sur cette moitié du drap à gauche, la

moitié d'une feuille d'or battu, en faisant attention que l'on ne dépasse pas la grandeur de
la couverture, après en avoir distrait quelques lignes pour la place de la roulette que
l'on se propose d'y pousser; cette précaution
est nécessaire pour ne pas employer de l'or en
pure perte. Ce préalable rempli, on replie le
drap sur l'or, et l'on passe la main en appuyant
fortement, sans laisser glisser le drap; cette
compression divise la feuille d'or en une infinité de petits points, qu'on écarte même entre
eux, avec la pointe d'un couteau, dans le cas
où ils ne le seraient pas assez. L'or ainsi préparé, on passe sur un côté du volume du blanc
d'œuf délayé dans son volume d'eau, et l'on
applique ce côté de la couverture sur le drap
couvert d'or, en appuyant fortement avec la
main. Alors, ayant bien soin de ne pas déranger le volume de place, et de ne pas le laisser
glisser, on soulève tout à la fois, avec soin, le
volume, le drap et le carton; on retourne le
tout sens dessus dessous, on enlève le carton,
et on le remplace par une feuille de papier sur
laquelle on passe fortement la main afin de
bien appliquer l'or sur la couverture. Après
avoir ôté le papier, on enlève proprement le

drap, et tout l'or reste fixé sur ce côté de la couverture, en y plaçant une feuille de papier et frottant dessus avec la paume de la main.

Quelque soin que l'on ait pris pour ne pas laisser passer de l'or sur l'endroit que l'on a voulu réserver pour la roulette, il est rare qu'il ne s'en écarte pas. Alors on mouille le bout du pouce, on le pose sur la seconde phalange de l'index plié à angle droit ; cela forme une espèce d'équerre, de manière que le pouce déborde de toute la largeur du dessin de la roulette qu'on a choisie : on fait glisser l'index plié contre le bord du carton et le pouce, qui, en frottant sur le plat de la couverture, enlève avec facilité l'or qui est parvenu de ce côté puisque le blanc d'œuf n'est pas encore sec. Ce procédé est prompt et peu dispendieux.

Observations générales sur le contenu de ce dernier paragraphe.

Il serait superflu de s'étendre davantage sur les moyens de donner aux couvertures toute l'élégance dont elles peuvent être susceptibles, quant au luxe qu'on veut quelquefois apporter dans la reliure. Il eût été facile de multiplier les procédés en en combinant plusieurs ensemble; mais c'eût été fatiguer le lecteur par des redites continuelles. Nous avons préféré laisser au goût et à la sagacité de l'ouvrier le soin d'inventer de nouveaux moyens, qui, nous en sommes assuré, reviendront toujours à ceux que nous avons décrits. Nous leur avons fait connaître les substances qu'ils peuvent employer, les moyens de les préparer, et les procédés à suivre pour réussir dans les manipulations. Nous croyons avoir suffisamment rempli la tâche que nous nous étions imposée.

Avant de passer au paragraphe qui va suivre, il nous reste à indiquer une opération importante qu'on doit faire aussitôt que le livre est sec, après qu'il a été raciné ou marbré. On le met en presse entre deux ais bien propres, et l'on a soin de placer ces ais bien justes au mors. On serre fortement, afin de bien unir les plats, et pendant qu'il est ainsi serré on efface sur le dos, à petits coups de marteau, quelques petites éminences que l'humidité a occasionnées sur la peau pendant le racinage ou la marbrure. On doit surtout frapper en tête et en queue afin d'abaisser ces deux extrémités, qui ont toujours de la tendance à s'é-

lever, ce qui rend le dos creux dans sa longueur, tandis qu'au contraire il doit présenter
une ligne droite bien parallèle à la gouttière.
Il suffit de laisser le volume une heure en
presse; on peut le sortir au bout de ce temps;
cependant si la presse est libre, il ne peut
que gagner à y rester plus long-temps.

§. XVII. *Des ornemens rapportés sur la cou-*
verture, et des pièces de titre.

Des ornemens rapportés sur la couverture.

Il arrive quelquefois que pour les reliures
très soignées en veau ou en maroquin que l'on
veut orner avec luxe, on désire pousser sur le
plat, des fleurons sur des pièces d'une couleur
différente que le restant de la couverture; il
est important d'en connaître les manipulations.
Pour nous faire mieux comprendre, nous
allons prendre un exemple simple.

Supposons qu'on veuille faire sur chacun
des plats une rosace à six pointes, sur un
veau fauve, dont le fond soit bleu, et les
feuilles rouges; supposons de plus qu'on
ait un fer à dorer qui porte la rosace entière.
On prend une empreinte de la rosace sur du

maroquin bleu, et l'on a soin qu'elle marque bien ; on coupe le rond au bord extérieur du filet, et l'on coupe, sur du maroquin rouge, les feuilles séparées, et le cercle du milieu ; on pare exactement toutes ces pièces sur les bords qu'on réduit presque à rien, et on les amincit autant qu'on le peut sans les gâter. Ensuite on colle le fond avec de la colle de farine, après l'avoir placé dans le sens que le goût indique ; on laisse bien sécher, après cela on imprime de nouveau le fer à dorer sur ce fond, afin de bien marquer la place des autres sept pièces ; on les colle chacune exactement à la place qu'elles doivent occuper ; il ne restera plus qu'à dorer, et toutes les jointures sur lesquelles l'or se fixera seront couvertes par le métal, et ne seront pas aperçues, si l'opération a été bien faite.

L'on sent facilement que si l'on voulait que chaque feuille et le rond du milieu fussent chacun d'une couleur différente, il suffirait de prendre chacune de ces pièces dans une peau de maroquin de la couleur qu'on désirerait ; la manipulation serait toujours la même.

On appliquerait le même procédé pour

former des coins sur la couverture, d'une autre couleur que le fond ; il suffirait d'avoir des fers à dorer propices, et on en suivrait les contours.

On est bien aise aussi quelquefois que les nerfs postiches ou faux-nerfs soient d'une couleur différente du dos ; alors on prépare les bandes de maroquin de la couleur qu'on désire, on les pare, on les colle en place, comme nous allons l'indiquer pour les titres. La longueur et la largeur des petites bandes sont fixées par celles de la palette qu'on doit employer.

Il ne s'agit plus que de couvrir d'or toutes ces parties ajoutées, ce qui se fait comme nous l'indiquerons dans la Section huitième, §. II.

A l'exposition de 1819, il parut un genre d'ornement sur un volume in-folio qui attirait les regards de tout le monde. C'était un exemplaire de *la Henriade* de la superbe édition de M. Didot. Sa Majesté Louis XVIII en accepta l'hommage. La reliure est sur un veau fauve, orné de peintures exécutées avec beaucoup de soin et une grande perfection. D'un côté, on voit en miniature le portrait de Henri IV, et de l'autre celui de Louis XVIII,

parfaitement ressemblans. La difficulté con-
sistait dans ces deux portraits ; voici comment
M. *Lunier-Bellier*, relieur à Tours, qui avait
exécuté cette reliure, s'y était pris. Il fit imprimer les deux portraits sur du papier très
humide, comme cela se pratique, et sans
attendre que le papier fût desséché, il les
porta sur la couverture glairée, il les décalqua
facilement à l'aide d'une roulette non gravée,
et à froid ; lorsque tout fut parfaitement sec,
il fit enluminer avec beaucoup d'art les deux
portraits. Quant aux autres peintures, il les
fit exécuter à la main. On sent combien de
beaux sujets on peut exécuter en employant
le même procédé, qu'on peut varier à l'infini.

Des pièces de titre.

Sur les veaux unis, sur le maroquin et sur
le mouton maroquiné, on met rarement des
pièces de titre, quoiqu'on puisse en mettre
lorsqu'on le désire.

Il est important de connaître d'avance la
hauteur que doivent avoir les faux-titres pour
chaque format, afin de pouvoir couper sans
tâtonner des bandes d'où l'on doit tirer pour

faire les pièces de titre. Un bon relieur doit avoir pour cela des patrons qu'il a préparés d'avance pour chaque format, et s'il lui en manque pour le format qu'il travaille, il doit être en état d'en former un en suivant des règles de convention invariables. Voici comment il doit s'y prendre.

Il choisit la palette qui doit lui servir pour marquer le nerf; il la place trois fois de suite à la queue, et il divise le reste du dos en six parties égales. Chacune de ces parties est la hauteur du titre. Une des trois palettes qu'il a placées en queue, est rapportée en tête, les six entre-nerfs viennent ensuite, et les deux palettes restent en queue. Il suit de là que le dos doit être divisé en six entre-nerfs; la tête doit être plus longue d'une palette et la queue plus longue de deux palettes; cette règle est générale pour tous les formats.

On prend une peau de maroquin ou de mouton maroquiné non cylindrée, c'est-à-dire à grain carré; peu importe la couleur qu'elle ait, c'est au goût du relieur : on la coupe par le milieu de sa longueur, sur une planche bien unie de bois de hêtre; on place ce morceau de peau en travers, on pose dessus une

règle en fer , bien droite , et avec l'angle arrondi du couteau à parer, on coupe des bandes
d'une largeur égale à la hauteur d'un des six
entre-nerfs.

On pare d'abord ces bandes dans toute
leur longueur en les réduisant à presque rien
sur les bords. On coupe ensuite chaque pièce
de la longueur convenable pour couvrir le
dos, et l'on pare de la même manière les bords
que l'on vient de couper. On enlève de l'épaisseur de la peau dans le milieu, afin de la rendre
le plus mince possible.

La pièce du titre, lorsque le volume n'en
a qu'un, doit être de la largeur du second entre-nerf, et doit être collée à cette
place.

Lorsque le dos a deux pièces, la seconde
s'appelle *titre de tome;* celle-ci doit être
collée à la quatrième place, c'est-à-dire au
quatrième entre-nerf.

On varie si l'on veut la couleur de ces deux
pièces, selon la nécessité ou le goût.

On encolle chaque pièce séparée; on en
encolle plusieurs, les unes après les autres,
afin de leur donner le temps de bien tremper.
On les fixe d'abord sur le dos, à la place

qu'elles doivent occuper, avec les deux pouces à la fois, du haut, du bas et des côtés, et ensuite on y passe dessus un morceau de papier, et on achève de la fixer en appuyant et en frottant sur le papier avec la paume de la main droite.

Lorsqu'on ne veut pas coller de titre, mais cependant que l'on veut rendre plus noir l'entre-nerf qui doit le porter, on passe sur cet entre-nerf de la potasse, que l'on prend avec un morceau de peau, du côté de la chair, et ensuite, avec un autre morceau de peau semblable, on passe par-dessus du noir; cette place devient noire, et les caractères dorés ressortent ensuite parfaitement.

§. XVIII. *Préparations à la Dorure.*

Tous les volumes en veau ou en basane, couleur unie, doivent être passés en colle avec une éponge et de la colle de peau, ou mieux, de la colle de parchemin. Sur le veau fauve, ou seulement sur les dos en veau fauve, on passe de l'empois blanc, ou colle d'amidon sans bleu. On laisse sécher et l'on glaire ensuite avec du blanc d'œuf pur, excepté sur le maroquin ou sur le mouton maroquiné, auquel on ajoute de l'eau, un peu moins que son volume.

Qu'il y ait de l'eau ou non dans les blancs d'œufs, on les prépare comme nous l'avons indiqué au n° 17, page 146. On passe le blanc d'œuf sur le dos seulement avec une éponge; il faut le passer bien uniment et ne laisser ni globules, ni autres corps étrangers. On les glaire ainsi trois fois de suite avant de dorer; On attend que la première couche soit bien sèche pour donner la seconde, et ainsi de suite. On ne doit passer la troisième couche qu'un instant avant de poser l'or. Si l'on a un grand nombre de volumes à dorer, on n'en glaire que six; on couche l'or sur ces six volumes, on en glaire six autres, on couche l'or, et ainsi de suite, de six en six, pendant les chaleurs de l'été. Dans l'hiver ou pendant les temps humides, on en glaire en plus grand nombre, même dès la veille.

Les ouvriers qui prétendent que la grande habitude qu'ils en ont les dispense de tracer les places qui doivent recevoir les palettes qu'on pousse à la place des nerfs, sont dans une grande erreur; il est rare, dans ce cas, que les palettes soient parfaitement horizon—

tales, elles penchent presque toujours à droite ou à gauche, et l'on peut éviter ce désagrément en prenant quelques précautions que nous allons indiquer.

Nous avons dit, page 179, qu'un bon relieur doit avoir des patrons pour tous les formats, sur lesquels il marque l'emplacement des six entre-nerfs; ce patron, qui est fait avec une carte d'une longueur égale à celle du dos et d'une largeur double de ce même dos, afin qu'on puisse avec elle bien embrasser le dos, suffira pour marquer les nerfs, si l'on fait au milieu des sept places où doivent se trouver les palettes une petite fenêtre bien perpendiculaire aux mors, d'une largeur suffisante pour passer le tranchant d'un plioir, et d'une longueur égale à la largeur du dos du volume le plus épais; alors, en plaçant ce patron sur le dos, de manière à pouvoir le tenir ferme d'une main, tandis qu'avec l'autre on fait une marque bien sensible avec le tranchant du plioir, cette marque est suffisamment apparente pour diriger le milieu de la palette, et alors on est assuré qu'elle ne penchera pas. Il n'y a rien de si désagréable à la vue, que lorsque dans un ouvrage qui a plusieurs volumes, placés sur le même rayon d'une bibliothèque, on voit une palette qui monte, l'autre qui descend, ou que dans leur ensemble elles font un zigzag ; la beauté d'une reliure exige que dans leur totalité elles décrivent une ligne droite bien parallèle à la tablette : une disposition contraire annonce ou la négligence ou l'impéritie de l'ouvrier. En prenant les précautions que nous avons indiquées, on est toujours sûr de pousser le fer bien droit, et toujours à la même hauteur ; ces soins, qui ne sont rien, loin d'allonger l'ouvrage, l'abrègent, puisque les dimensions une fois prises, et les patrons formés, on est dispensé de prendre ses mesures à chaque fois, et ces patrons servent pour toujours et remplissent deux buts : 1°. de donner la hauteur des entre-nerfs, 2°. l'emplacement des palettes.

On ne glaire que deux fois les plats, les bords et les bordures pour le veau et la basane ; le maroquin, le mouton maroquiné et les papiers ne se glairent partout que deux fois.

Lorsque les volumes sont ainsi préparés, on procède à la dorure du dos et de la couverture, ainsi qu'on le verra à la Section huitième, §. II.

§. XIX. *Brunir la tranche-unie, marbrée ou jaspée.*

On commence par brunir les volumes par la gouttière : pour cela on prend des ais bien uuis, un peu plus longs que le volume, mais à peu près de la largeur du format. Ces ais sont, dans le sens de leur largeur, beaucoup plus épais d'un côté que de l'autre; on les nomme *ais à brunir*. Sur une pressée de dix volumes on met quatre de ces ais, un à chaque bout, et les deux autres disposés entre les volumes. Pour cela on appuie les volumes sur la table par la gouttière, on place les deux ais intérieurs, et enfin les ais des deux bouts, en ayant soin de mettre leur côté épais vers la gouttière; par ce moyen, en serrant toute la pile dans la presse, les gouttières sont plus serrées que le reste du volume.

L'ouvrier placé au bout de la presse met les livres de son côté, et les élève de ce même côté plus que de l'autre, de manière que les volumes sont dans un sens incliné. Il serre fortement la presse; alors, avec une dent à brunir d'agate ou de caillou très dur, en forme de dent de loup, et d'une grosseur proportionnée à la tranche, il brunit avec soin de la manière suivante : il saisit à deux mains le long manche de cet instrument, dont il appuie le bout sur son épaule, et il presse fortement ce brunissoir partout sur la gouttière de chaque volume, en évitant de faire des ondes, et ayant bien soin de ne pas laisser des places sur lesquelles il n'aurait pas travaillé et qui ne seraient pas brunies.

Lorsque la gouttière est terminée d'une manière satisfaisante, il dépresse et enlève le paquet de volumes; il ôte les ais, et en prend d'autres qui sont, comme les premiers, plus épais d'un côté que de l'autre, mais dans le sens inverse; c'est-à-dire que, dans le sens de leur longueur, ils sont plus épais d'un bout que de l'autre; ceux-ci servent pour brunir la tête et la queue. Dans cette opération on emploie un plus grand nombre d'ais que pour la gouttière; on en met six, dont un à chaque extrémité, et les quatre autres divisés entre les volumes, à volonté. On les place en presse comme dans le premier cas, et l'on brunit avec le même soin la tête. Cette première opération terminée, on dépresse, on change les ais de place pour brunir la queue, et l'on emploie les mêmes précautions pour ne pas faire des ondes, et ne pas laisser des places qui n'aient pas été brunies.

Pour la demi-reliure, on brunit la tranche avant d'avoir couvert les cartons en papier, parce que le papier n'a pas assez de consistance pour pouvoir résister, sans danger de se déchirer ou de se ternir, à toutes les opérations qui suivent celle de la couverture en peau. On verra (Section Cinquième, *De la demi-reliure*, pag. 206), que le papier ne se colle que lorsque le volume est presque terminé

§. XX. *Coller la garde.*

L'ouvrier pose le volume sur la table, le dos tourné vers lui ; il ouvre la couverture qu'il fait tomber de son côté. Alors il fend avec les doigts la fausse garde ou l'onglet par le milieu de sa longueur, et déchire à droite et à gauche ; et si l'onglet a été cousu, il enlève le fil qui le tenait et qui pourrait le gêner dans le mors. Il fait pirouetter le volume sur lui-même et place la queue devant lui, la couverture toujours rabattue sur la table ; dans cette position, avec le plioir il nettoie le carton sur le bord du mors et sur le plat, afin d'en enlever toutes les ordures et les aspérités qui, enfermées ensuite sous la garde, dépareraient l'ouvrage lorsqu'il serait terminé.

Pour les volumes ordinaires, il trempe la garde avec de la colle de farine ; mais pour le papier satiné, la soie, ou le papier qui pourrait perdre de son lustre, on doit employer une colle plus blanche et qui sèche plus vite. Dans ce cas, on se sert ou de la gomme arabique bien blanche, bien mondée, dissoute dans l'eau tiède, ou mieux de l'empois bien blanc que l'on fait très fort.

Rien n'est si facile que de faire cet empois. On prend de l'amidon bien blanc qu'on délaie à froid dans de l'eau pure et bien limpide, en ayant bien soin qu'il ne s'y fasse pas de grumeaux ; on met sur le feu et l'on fait bouillir ; mais il faut remuer continuellement afin que l'amidon ne se grumelle pas, et l'on laisse bouillir jusqu'à ce que l'empois ait pris la consistance qu'on désire, ce que l'habitude fait bientôt connaître ; car il s'épaissit en se refroidissant. Si on l'avait fait trop consistant, on y ajouterait de l'eau bouillante petit à petit en remuant toujours. Lorsque cet empois a une consistance suffisante, il sèche de suite et ne tache pas.

On passe l'une ou l'autre de ces colles avec le pinceau, en commençant par le mors, vers le milieu du volume, et en allant vers les bords de la feuille tout le tour. Si l'on ne prenait cette précaution, on courrait le risque de mettre de la colle sur la tranche du livre, et l'on collerait les feuilles entre elles, ce qu'il faut surtout éviter.

La garde ayant été ainsi bien trempée sur toute sa surface, on laisse tomber la couverture dessus, elle saisit la garde et l'entraîne avec elle lorsqu'on ouvre de suite la couverture qu'on laisse tomber sur la table. Dans cette position, avec l'index de la main droite, on fait descendre la garde pour la placer bien carrément dans le mors, et de la main gauche posée à plat sur la couverture, on étend doucement la garde, et l'on fait en sorte qu'elle soit bien tendue et bien unie. On pose une feuille de papier sur le tout, et en pinçant par-dessus le bord intérieur du carton avec le pouce et l'index réunis, on donne au mors intérieurement une forme bien carrée. On passe aussi la main à plat sur le papier, et l'on se sert du plioir, si cela est nécessaire, de manière à ce que la garde se trouve bien unie, sans plis et sans grosseurs.

La garde collée sur ce côté de la couverture, on passe à l'autre côté. Pour cela on place un ais sur le volume, et laissant ouvert le côté de la couverture sur lequel on vient de travailler, on retourne le livre, et alors il repose sur l'ais qu'on appuie contre le mors. L'on opère sur ce côté comme l'on a opéré sur l'autre.

Il est bon d'entrer ici dans quelques détails sur plusieurs circonstances particulières que présentent des ouvrages plus soignés que ceux que nons venons de décrire.

1°. Si le volume avait dans l'intérieur de la couverture une bordure dorée ou gaufrée, qu'il importe de conserver entièrement à découvert, on doit concevoir qu'en mouillant la garde, le papier s'étend dans tous les sens, de sorte que si on la collait sans précaution, une partie de la bordure serait cachée. Pour éviter cet inconvénient, on coupe en tête et en queue une petite bande proportionée à l'extension que prend le papier, et à la largeur de la bordure. On en ferait autant du côté de la gouttière, si la garde se trouvait trop large et couvrait la bordure.

2°. Si le volume avait des charnières en maroquin ou en veau, on se rappellera ce que nous avons dit (§. X, *Préparation pour la rognure*, page 86), sur la manière de les placer. Nous avons fait observer que cette bande, qui doit former la charnière, est pliée en deux dans sa longueur; qu'une partie est d'abord collée sur la garde, et qu'on se réserve de coller l'autre moitié sur le carton après que le volume aura été couvert. C'est ici le moment de terminer cette opération. On doit d'abord couper les deux angles de cette bande, afin qu'ils ne viennent pas sortir en dehors de la garde qu'on doit coller dessus, ce qui pourrait masquer la bordure, et serait désagréable à la vue; mais il faut cependant faire attention qu'on doit laisser assez de peau pour couvrir parfaitement et carrément toute l'épaisseur du carton qui forme le mors. Il faut donc, en coupant ces coins, ne pas aller jusqu'au pli de la peau, mais en laisser une quantité suffisante pour que, lorsque la garde sera collée, on ne puisse pas s'apercevoir que les angles ont été coupés. On pare d'abord le bord de ces deux coupures sur un petit ais ou sur un morceau d'ivoire que l'on passe par-dessous : ensuite on colle cette demi-charnière sur le mors et sur le carton, avec les précautions que nous avons indiquées, en mouillant la peau avec de la colle de farine, à l'aide d'un petit pinceau, et en se servant, pour la bien appliquer, du pouce, de l'index et du plioir.

La charnière ainsi collée, on colle la garde bien proprement avec de la gomme ou de l'empois bien blanc et très fort, qui sèchent très vite et n'altèrent ni la soie, ni le papier précieux dont on veut former la garde.

3°. Il faut faire attention que dans le cas où l'on met une charnière en peau, cette charnière doit être vue, et ne peut être couverte ni par la soie, ni par le papier, quelque précieux qu'il soit ; que, par conséquent, la garde ne peut être d'une seule pièce, comme dans les ouvrages ordinaires ; qu'elle doit être de deux pièces, l'une qui sera collée sur le côté du volume, et l'autre sur le carton de la couverture. Il est d'usage aussi de les orner d'un cadre doré, et il est nécessaire de faire subir aux gardes de soie une préparation avant de les faire dorer. Cette préparation consiste à coller la soie sur un papier fin, dans la vue de donner de la consistance au tissu et de l'empêcher de se défiler.

Pour y parvenir, on coupe les gardes à peu près de la grandeur convenable, une ligne ou deux plus grandes tout autour qu'elles ne doivent être ; on les étend par le beau côté sur une feuille de papier blanc et propre ; on encolle, avec de l'empois blanc et fort, le papier fin dont on veut doubler la soie, qui doit être plus grand qu'elle ; on pose ce papier ainsi préparé sur la soie qui se trouve à l'envers ; on place dessus une feuille de papier blanc sèche, et en appuyant et frottant avec la paume de la main, on a soin de faire bien appliquer partout la feuille de papier fin, de manière qu'elle ne fasse ni rides, ni boursouflures. On met dessus une feuille de carton et on laisse bien sécher soit à la presse, soit sous la pression d'un poids suffisant.

Lorsque le tout est bien sec, à l'aide d'une règle en acier bien droite, d'une bonne équerre, et de l'angle arrondi du couteau à parer, on coupe bien carrément les deux demi-gardes, l'une selon la dimension que présente le cadre du carton, et l'autre selon la dimension du volume. Aussitôt que le carton de la garde est coupé, le papier sur lequel reposait la soie, et qui n'a pas été collé, se détache, et l'on voit la soie à découvert. C'est alors que le doreur la prend et la dore comme nous l'indiquerons à la Section de *la Dorure*, mais après leur avoir fait encore subir une opération que nous allons indiquer.

C'est alors seulement, lorsque les gardes sont dorées, qu'on les colle sur le volume.

On pourrait, à la rigueur, coller la garde de soie sur le côté du volume avant de le rogner, et sur le carton, avant de dorer le dos et la couverture, comme cela s'est pratiqué pendant long-temps; mais les bons ouvriers ont été obligés d'y renoncer, et d'adopter le procédé que nous indiquons et que nous conseillons d'après l'expérience. Cette manipulation nouvelle met à l'abri de tous les risques qu'on a à courir lorsqu'on opère d'après l'ancien procédé, tant pour la propreté de l'ouvrage que pour conserver à la dorure tout son brillant et toute sa fraîcheur.

4°. Lorsqu'un volume est couvert en maroquin, en mouton ou en papier maroquiné, on doit, avant de coller la garde, abattre le grain avec le couteau à parer, sur la partie seulement que la garde doit couvrir, afin d'éviter les épaisseurs que le grain formerait dans ces parties.

On doit encore avoir soin de coller une garde en papier blanc collé de la grandeur de la garde précieuse, et laisser bien sécher. On colle ensuite avec propreté la garde précieuse sur cette garde blanche ; si l'on ne prenait pas cette précaution, il arriverait presque toujours que les acides qui entrent dans la composition du maroquin se déchargeraient sur la belle garde, et formeraient tout autour une tache jaune rougeâtre. Cette tache se porte sur le papier blanc qui, lorsqu'il est collé, la laisse très rarement traverser ; et par ce moyen on évite que la garde précieuse soit tachée.

Lorsqu'on colle cette belle garde avec de la colle forte bien consistante, on évite ces taches.

5°. Avant de livrer à la dorure les gardes en soie ou en papier précieux, il est indispensable de leur donner une dernière préparation, qui est le *glairage*. On les glaire, comme nous l'avons indiqué pour le maroquin (§. XVIII, *Préparation pour la dorure*, page 86), avec du blanc d'œuf pur auquel on ajoute un peu moins que son volume d'eau. On glaire chaque garde une fois en totalité, on laisse parfaitement sécher ; ensuite on glaire seulement à la place où doit se trouver la dorure.

Il est très important de ne négliger aucune des précautions que nous avons indiquées, lorsqu'on veut bien opérer, et que l'on est jaloux de la beauté et de la solidité de son ouvrage. Après que le volume est doré en dehors et en dedans de la couverture, ainsi qu'on le verra dans la Section huitième, §. II, il ne reste plus qu'à le polir pour le livrer ; c'est ce que nous allons décrire dans le paragraphe suivant.

§. XXI. *De la Polissure.*

Lorsque le volume est doré dans toutes les parties de sa couverture, et avant de le polir, on doit le mettre en presse entre des ais bien unis et même polis. Ces ais sont de plusieurs espèces, mais tous de la grandeur du format. Les uns sont en poirier bien dressé ; ils sont toujours d'une égale épaisseur sur toute leur étendue. D'autres sont en bon carton, bien laminé, pour le rendre plus compacte, dont on colle trois épaisseurs l'une sur l'autre, ce qui en forme des petites planches très solides et bien polies. Enfin on emploie aussi des plaques du meilleur fer-blanc, qu'on désigne sous le nom de *fer-blanc anglais*, fort et plané d'un côté. Lorsqu'on se sert d'ais en fer-blanc, on les soutient par des ais en bois qui donnent l'épaisseur nécessaire pour que le mors ne soit pas écrasé.

On met les volumes à la presse entre deux ais, on serre fortement, et on les y laisse le plus long-temps possible. Au sortir de la presse, on les prépare pour la *polissure*, ainsi que nous allons l'expliquer.

Si c'est un volume en veau ou en basane, on met un peu de suif sur un tampon en laine, on frotte bien sur toute la surface du plat de la couverture, et non sur le dos, en décrivant de petits ronds. On a pour but, dans cette opération, de graisser légèrement et uniformément toute la surface, afin de donner au *fer à polir* la facilité de glisser sur la couverture sans effort.

Pour avoir une idée exacte du *fer à polir*, il faut le considérer comme si on le tenait à la main par son manche en bois, et qu'on le regardât par sa surface inférieure, qui sert à polir, et qu'on met en contact avec la couverture. C'est une barre d'un pouce environ de diamètre, et d'un pied de long ; au bout et sur la droite est ménagée, à la forge, une saillie représentant la moitié d'une ellipse de deux pouces de large pour la partie saillante, et de quatre à cinq pouces de long. Cette partie saillante est un peu plus mince par son extrémité que par celle qui tient au manche ; elle est limée en un large biseau d'un pouce tout autour ; cette partie est très unie et parfaitement lisse.

Pour se servir du *fer à polir*, on doit le faire chauffer plus ou moins, selon que l'exige la peau sur laquelle on doit travailler. On ne peut donner aucune règle invariable sur la chaleur du fer : l'habitude et le goût de l'ouvrier doivent seuls le guider à cet égard. Nous ne saurions lui recommander assez d'attention dans cette opération très délicate et très importante ; il peut gâter tout son ouvrage si le fer est trop chaud, et ne peut pas atteindre le but qu'il se propose s'il ne l'est pas assez.

L'ouvrier commence par polir le dos ; pour cela, il le prend de la main gauche du côté de la gouttière, il appuie le volume contre son estomac par la queue, en tenant le fer de la main droite; il appuie le bout de son manche sur la table côntre un point résistant, et fait glisser en appuyant suffisamment la partie polie du fer sur toute la surface du dos, à partir à peu près du milieu de sa longueur jusqu'au haut de la tête. Son but est non seulement de polir cette surface, mais en même temps de faire disparaître les enfoncemens formés sur la peau par les fers de la dorure, et de ramener cette dorure à la surface, ce à quoi il parvient facilement en appuyant plus ou moins; cependant il ne doit ni appuyer, ni frotter assez fort pour enlever l'or.

Lorsque ce côté est terminé, il retourne le volume et opère de la même manière sur l'autre moitié du dos.

L'ouvrier doit faire attention aussi qu'il ne doit passer le fer à polir que sur les places qu'il veut rendre brillantes; il ne doit absolument pas toucher avec cet instrument les places qu'il a intention de laisser mates.

Avant de polir la couverture sur les plats, il doit bien assujettir son livre sur la table afin qu'il ne puisse pas glisser par le mouvement qu'il imprime au fer, car dans cette opération il ne tient pas le livre avec les mains. Il commence par étendre sur la table une couverture de laine, ensuite il assujettit le volume par des ais qu'il couvre d'un linge afin qu'ils n'endommagent pas la dorure, et il appuie contre ces ais des corps lourds, tels que la pierre à parer, etc.

L'ouvrier place d'abord le livre de manière que la queue est vers lui; ensuite, prenant le manche du fer à polir à deux mains, il en appuie l'extrémité sur son épaule, et présentant la partie inclinée et polie sur le plat de la couverture, il promène le fer en appuyant suffisamment, et en allant du mors vers la gouttière. Lorsqu'il a ainsi parcouru toute la surface, il retourne le livre en plaçant le dos vers lui, et après l'avoir bien calé, comme d'abord, il polit dans un sens qui croise le premier à angles droits; par ce moyen il parvient facilement à atteindre et à polir les places sur lesquelles il ne serait pas passé dans son opération précédente.

Si la garde est de nature à être polie, on commence par placer le volume en long, devant l'ouvrier, c'est-à-dire la queue vers lui. Il appuie d'abord le fer contre le mors et il polit cette partie ; ensuite il fait pirouetter le volume, en amenant la gouttière vers lui ; il polit le bord du carton, il le fait pirouetter une seconde fois, il a alors la tête de son côté ; dans cette position, il achève de polir toute la surface intérieure, et il appuie surtout fortement sur les coins, qui sont plus épais ; il les rabat ainsi.

Le maroquin, le mouton et le papier maroquinés, de même que la soie, ne se polissent pas. On ne doit pas non plus polir le papier ni les couvertures gaufrés ; on se contente de les vernir comme nous allons l'expliquer après avoir donné la composition du vernis, d'après *Tingry* ; c'est le meilleur, le plus brillant, le plus siccatif que nous connaissions.

§. XXII. *Du Vernis.*

Nous empruntons au célèbre *Tingry* la recette d'un excellent vernis à l'usage des relieurs.

On met dans un matras à col court, d'une contenance au moins de six livres d'eau, 183,43 grammes (6 onces) de mastic en larmes, et 91,71 grammes (3 onces) de sanda-

raque en poudre fine. Avant de les introduire
dans le matras, on les mêle avec 121,28
grammes (4 onces) de verre blanc grossière-
ment pilé, dont on aura séparé la portion la
plus fine par un tamis de crin croisé; on y
ajoute 978,29 grammes (32 onces) d'alcool
pur de 36 à 40° de l'aréomètre de Baumé.
On place le matras sur une couronne de
paille, dans un plat rempli d'eau, et l'on
expose le tout à la chaleur. On a eu soin de
préparer un bâton de bois blanc arrondi par
le bout, et d'une plus grande longueur que la
hauteur du matras, afin qu'on puisse agiter
facilement les substances mises en digestion
dans le matras. On soutient l'ébullition de l'eau
pendant environ deux heures.

La première impression de la chaleur tend
à réunir les résines en masse; on s'oppose à
cette réunion en entretenant les matières dans
un mouvement de rotation, qu'on opère facilement avec le bâton, sans bouger le matras.
Quand la solution parait assez étendue, on
ajoute 91,71 grammes (3 onces) de térébenthine, qu'on tient séparément dans une fiole
ou dans un pot, et qu'on fait liquéfier en la
plongeant un moment dans le bain-marie. On

laisse encore le matras pendant une demi-heure dans l'eau ; on le retire enfin, et on continue d'agiter le vernis jusqu'à ce qu'il soit un peu refroidi. Le lendemain on le soutire et on le filtre au coton : par ce moyen il acquiert la plus grande limpidité.

L'addition du verre peut paraître extraordinaire ; cependant l'expérience prouve que l'on doit insister sur son usage. Il divise les parties dans le mélange qu'on fait à sec, et il conserve cette prérogative lorsqu'il est sur le feu ; il obvie aussi, avec succès, à deux inconvéniens qui font le tourment des compositeurs de vernis : d'abord, en divisant les matières, il facilite et augmente l'action de l'alcool ; en second lieu, il trouve dans sa pesanteur, qui surpasse celle des résines, un moyen sûr pour obvier à l'adhérence de ces mêmes résines dans le fond du matras, ce qui colore le vernis.

Indépendamment de cette recette, nous transcrivons celle que donne M. *F. Mairet*, à laquelle nous reconnaissons quelques erreurs, que nous ferons observer afin qu'on les évite.

On fait dissoudre dans trois litres d'esprit-de-vin de 36 à 40 degrés ;

Sandaraque................. 8 onces.
Mastic en larmes........... 2
Gomme laque en tablettes.... 8
Térébenthine de Venise....... 2

On doit opérer comme dans le procédé de Tingry ; car si l'on se contentait de concasser les résines, comme l'indique M. Mairet, elles ne se dissoudraient que difficilement. On doit mettre la fiole dans l'eau froide et faire chauffer tout ensemble ; car si l'on mettait la bouteille froide dans l'eau très chaude, elle casserait infailliblement. Enfin, on doit remuer avec un bâton de bois blanc, sans déplacer la bouteille, parce qu'en retirant la fiole d'une eau très chaude, et l'exposant à la température ordinaire de l'atmosphère, on en déterminerait aussitôt la cassure ; ce n'est qu'après que le bain-marie est froid qu'on retire la fiole.

On doit, de plus, filtrer ce vernis le lendemain de sa composition, et le conserver dans une bouteille bien bouchée, et non le laisser sur le marc.

C'est avec un pinceau de poils de blaireau que l'on pose une couche de l'un de ces vernis, d'abord sur le dos du volume, en évitant d'en mettre sur les endroits mats. Quand le vernis est presque sec, on le polit avec un nouet de drap fin blanc, rempli de coton en rame, et sur lequel on met une goutte d'huile d'olive; on frotte d'abord légèrement, et au fur et à mesure que le vernis sèche et s'échauffe, on frotte plus fort; l'huile fait glisser le nouet, et le vernis devient brillant. On fait la même opération sur chacun des plats du volume l'un après l'autre.

On passe le vernis sur les volumes qui ne peuvent pas être polis avec le fer; cependant rien n'empêche de le passer sur tous ceux qu'on a déjà polis avec le fer, lorsqu'on ne les trouve pas assez brillans. Dans ce cas il faut que le volume soit entièrement terminé, parfaitement sec, et sans la plus légère humidité; sans cela le vernis ne prendrait pas, ou l'on ne pourrait pas parvenir à le polir.

Le vernis a encore l'avantage de préserver la couverture des accidens que peuvent lui causer les gouttes d'eau ou d'huile qu'on laisse maladroitement tomber dessus.

CINQUIÈME SECTION.

DE LA DEMI-RELIURE.

Là demi-reliure ne diffère de la reliure entière qu'en ce que le dos du volume seulement est couvert en peau, soit veau, basane, maroquin, mouton maroquiné, etc., et les cartons sont couverts en papier ou en parchemin, mais le plus ordinairement en papier uni ou peint; quelquefois aussi le dos est en papier. Comme les opérations sont les mêmes, soit que le dos soit en papier ou en peau, nous allons indiquer les manipulations en prenant pour exemple un volume dont le dos seulement est en peau.

Tout se fait pour ce genre de reliure comme pour la reliure en plein, ainsi que nous l'avons décrit dans la quatrième Section *du Relieur* proprement dit, depuis la page 43 jusqu'à la page 114, §. XVI inclusivement; c'est ici où commence la différence.

Après avoir placé les coins en parchemin ou en peau, comme nous l'avons indiqué (§. XV, page 108), on prépare une bande de peau de deux pouces plus large et de deux pouces plus longue que le dos. Après avoir paré cette peau de la même manière que nous l'avons décrit pour la couverture entière, on la colle avec les mêmes précautions que nous avons prescrites pour le dos de la couverture (§. XVII, page 120); cette bande doit déborder d'un pouce sur chaque carton.

On ne couvre les cartons en papier qu'après que le dos a été doré et que le volume est presque terminé. Ce papier, qui doit former la couverture, se colle sur les cartons à une distance du mors plus ou moins grande, selon le goût de l'ouvrier et la grandeur du format. On peut établir comme règle générale que le bord du papier doit arriver, près du mors, à la distance où se trouverait un filet d'or que l'on voudrait pousser sur le plat, ainsi qu'on le pratique presque toujours lorsque l'on couvre le dos en maroquin, et les plats avec du papier maroquiné. Dans ce cas, le filet qu'on pousse tout autour doit être disposé de manière que celui qui se trouve du côté du mors couvre la jointure du papier et du maroquin.

Dès qu'on a collé les deux côtés de la couverture, on laisse bien sécher ; ensuite on colle les gardes (comme l'indique le §. XX, p. 187). On met le volume en presse aussi long-temps qu'on le peut, et on le polit avec le fer, suivant le procédé indiqué (§. XXI, page 196), si le papier est susceptible de l'être ; dans le cas contraire, on le vernit de la manière prescrite par le §. XXII, page 201). Enfin on termine la demi-reliure de la même manière que les volumes reliés en entier dont traite la quatrième Section (§. XXI, page 196).

SIXIÈME SECTION.

DU CARTONNAGE ALLEMAND, DIT A LA BRADEL.

L'espèce de reliure à laquelle on a donné, à Paris, le nom de *cartonnage à la Bradel*, fut importée d'Allemagne par un relieur, qui l'a faite seul pendant quelque temps, et ce cartonnage lui a acquis une certaine réputation. Lorsqu'il est bien exécuté, il présente quelques avantages : il figure assez agréablement sur les rayons d'une bibliothèque ; il est propre, il peut être fait avec solidité; les feuilles n'y sont pas rognées, de sorte que les ouvrages peuvent être lus pendant long-temps, comme s'ils étaient simplement brochés, et lorsqu'on veut les faire relier, ils conservent de grandes marges. Voici de quelle manière on l'exécute.

On ploie les feuilles et on les bat à l'ordinaire ; ensuite, comme il faut que la bonne marge soit conservée, c'est-à-dire qu'on ne doit couper de chaque feuille, du côté de la

gouttière, que ce qui excède les plis que présente de ce côté chaque feuille, et en queue
ce qui excède la bonne marge, sans toucher,
en aucune manière, à la tête : on se sert d'un
patron, qui guide dans cette opération. Ce
patron est fait d'un morceau de carton que
l'on coupe bien carrément, à l'aide d'une
équerre de la grandeur de la feuille pliée. On
pose ce patron sur chaque cahier; on les bat
ensemble sur la table en dos et en tête pour
les faire bien rapporter, en commençant par
la première feuille, et l'on coupe avec de grands
ciseaux, ou avec des cisailles, tout ce qui excède le carton, en gouttière et en queue. On
renverse la feuille coupée et on la met de côté;
on en fait autant à chacune, on les renverse
l'une après l'autre sur la précédente, et, lorsqu'on a fini le volume, les cahiers se trouvent
rangés selon l'ordre numérique ou alphabétique des signatures.

On emploie quelquefois un procédé plus
expéditif, et quoiqu'il ne soit pas meilleur que
celui que nous venons de décrire, nous allons
le faire connaître. On prend le volume en entier avant de le coudre, on pose dessus le patron ou carton modèle, on les bat sur la table

en tête et en dos afin de les bien égaliser ; on met derrière un carton plus grand ou une planche de hêtre bien rabotée ; on place le tout dans la presse à rogner, et l'on serre fortement. On rogne alors tout l'excédant du carton sans former la gouttière, mais on ne rogne pas en tête. Comme les feuilles qui excèdent la bonne marge n'ont pas de soutien, si l'on se servait du fer ordinaire à rogner, qui est pointu, il déchirerait ou écorcherait les feuillets de fausse marge. Pour éviter cet inconvénient, on a un couteau exprès qu'on a aiguisé en rond, qui ne sert qu'à cela, et on le monte dans un rognoir à la lyonnaise, qui, ne lui laissant que peu de lame en dehors de la monture, le tient ferme et ne lui permet pas d'écart.

Le volume amené à ce point, on le coud à la grecque avec les précautions que nous avons indiquées (§. IV et V, pages 56 et 57).

Ensuite on met le livre en presse entre deux ais, sans arrondir le dos, et l'on passe sur le dos plusieurs couches claires de colle-forte assez épaisse ; on épointe les ficelles que l'on coupe à huit à dix lignes de long, et on les colle avec de la pâte sur l'onglet de la fausse garde qui doit être plus large que dans les reliures ordinaires ; cet onglet doit être fait avec du papier fort et collé.

On met le volume à la presse entre deux ais à endosser, ferrés, on l'endosse à l'anglaise (§. IX , page 80) , et l'on forme le mors.

On prépare une carte, que l'on coupe de deux pouces plus large que la largeur du dos, et d'une longueur égale à celle des cartons qui doivent former les *châsses;* ensuite on marque en haut et en bas de la carte, par deux points, à la distance exacte de la largeur du dos, en laissant à droite et à gauche de ces deux points une distance égale ; mais comme on a formé le dos en arc de cercle, afin d'avoir sa largeur égale, on doit aplatir le dos, ce qui se fait en prenant le volume de la main gauche, par la tête, et dans l'intérieur, en laissant libres à droite et à gauche deux ou trois cahiers, ce qui force le dos à s'aplatir; alors, avec un compas, on prend la largeur exacte du dos; on porte cette largeur au milieu de la carte et l'on marque en haut et en bas deux points. On pose une règle de fer sur ces deux points dans le sens de la longueur de la carte, on appuie fortement sur la règle, et passant un plioir sous la carte, on la soulève contre l'épaisseur de la règle, on détermine un pli qu'on forme bien avec le plioir. On fait pirouetter la carte, on en fait autant de l'autre côté. On aplatit ce pli avec le plioir. On retourne la carte sens dessus dessous, et à côté de ce premier pli et en dehors du dos, on fait de la même manière, de chaque côté, un second pli, en sens inverse du premier, à une distance égale à la largeur du mors du livre. On arrondit la carte au milieu, dans sa longueur, en passant le plioir intérieurement par son tranchant. Cette carte, ainsi pliée, présente la forme du dos d'un volume avec les deux mors.

Il ne s'agit plus que de coller la carte sur le dos du volume. Pour cela, avec un petit pinceau on passe de la colle de pâte dans le mors et sur les bords qui sont à côté, en ayant attention de ne pas en passer sur la partie qui doit toucher le dos, afin que le volume soit à dos brisé. On le met en presse entre les deux mêmes ais ferrés, et l'on unit la carte avec le frottoir en buis.

On prend deux cartons qu'on rogne du côté du mors, en tête et en queue, à l'équerre et de la longueur des châsses. Nous avons ici une observation importante à faire sur cette dernière manipulation, afin d'éviter des erreurs.

Lorsqu'on fait une reliure ordinaire, on se rappellera que nous avons dit qu'on rogne les cartons en tête et en queue, en rognant le volume, et alors les cartons ont leurs bords supérieurs et inférieurs parallèles à la rognure du volume ; et si l'on avait commis une erreur en ne rognant pas parfaitement à l'équerre, cette erreur ne serait presque pas sensible. Il n'en serait pas de même dans le cartonnage dont nous nous occupons : les cartons que l'on rogne ne tiennent pas au volume pendant cette opération, et si l'on était toujours parfaitement assuré de la rognure à angle droit, il n'y aurait aucun inconvénient ; mais comme on ne peut pas avoir cette certitude absolue, et si, par exemple, l'angle de la tête excédait l'angle droit, et que celui de la queue fût plus petit, on concevra facilement que le volume ne pourrait pas se placer perpendiculairement sur la tablette, et que les quatre angles ne porteraient pas également. On rogne ordinairement dix cartons à la fois, après les avoir battus sur la pierre avec le marteau, pour les aplanir et leur donner plus de consistance. Lorsqu'ils sont rognés on est obligé de les placer l'un sur l'autre, à un pouce environ de distance, c'est-à-dire à une distance égale à la largeur de la partie de la carte qui se trouve sur le plat du livre, puisque c'est sur cette bande de carte qu'ils doivent être collés. On les place l'un sur l'autre pour les tremper de colle tous à la fois; mais si on les plaçait tels qu'ils se trouvent en sortant de la rognure, sans aucune distinction, et qu'on les trempât ainsi, il arriverait que si l'on avait marqué tous les cartons en tête, du même côté, tels qu'ils se trouvent placés en sortant de la ro- gnure, et si on les avait disposés l'un sur l'autre à la distance convenable, en mettant toutes les marques du même côté, en haut par exemple, lorsqu'on les collerait sur la carte, un des cartons aurait la marque en tête du volume, et l'autre l'aurait en queue, et s'il y avait eu erreur dans la rognure et qu'elle ne fût pas parfaitement à l'équerre, l'erreur aurait doublé et le volume présente- rait un aspect insoutenable. Pour éviter cet inconvénient, qui, après coup, ne pourrait être que très difficilement réparé, voici comment s'y prend un ouvrier intelligent.

Nous avons dit qu'on rogne ordinairement dix cartons à la fois, ce qui suffit pour la couverture de cinq volumes. Supposons, pour nous faire bien entendre, qu'on les a tous marqués en tête d'un des dix premiers chiffres, 1, 2, 3, 4, etc.; on pose le n° 1 sur la table, la tête en haut; à un pouce de distance on place le n° 2, par-dessus, mais en retournant la tête en queue; ou ce qui revient au même, le chiffre 2 du côté de la queue; le n° 3 par-dessus le n° 2, à la même distance, mais le chiffre en haut; le n° 4 comme le n° 2, par-dessus, et ainsi de suite jusqu'au dernier. Il résultera de cet arrangement que tous les chiffres impairs seront du côté de la tête, et tous les chiffres pairs seront du côté de la queue.

On verra ensuite qu'en collant chaque carton sur la carte, en les prenant dans le même ordre naturel des chiffres, comme l'on est obligé de retourner les cartons pour les coller, les chiffres 1 et 2 qui seront sur le premier volume se trouveront tous les deux du même côté, soit en tête, soit en queue, selon qu'on aura posé le premier dans un sens ou dans l'autre. Cette observation est une des plus importantes, et la précaution que nous avons indiquée remédie à un inconvénient des plus graves.

Avec un petit pinceau, on passe de la colle sur la carte qui est déjà collée sur le volume, sans la dépasser du côté de la garde, et l'on place dessus le premier carton ; on en fait autant de l'autre côté, et l'on y place le carton n° 2, et ainsi de suite sur les autres quatre volumes ; alors on met les cinq volumes à la presse entre les ais, on serre fortement, et on les y laisse aussi long-temps qu'on le peut. On a soin, en collant ces deux cartons sur chaque volume, de les placer de manière qu'ils arrivent des deux côtés aux extrémités des deux chasses, déjà déterminées par la hauteur de la carte. Il faut aussi avoir attention de serrer les deux extrémités des chasses, entre le pouce et l'index, afin de faire bien coller entre elles les extrémités des chasses des cartons, et celles des chasses de la carte, qui, n'ayant aucun soutien en dedans, ont toujours une tendance à se séparer. On laisse bien sécher.

19

Lorsque le volume est parfaitement sec, on compasse sur la marge la largeur qu'on veut donner aux cartons sur le devant, et on les rabaisse de la même manière que nous l'avons dit §. XIV, page 109.

On colle ensuite les coins en parchemin très fin; on colle pareillement, en tête et en queue, du même parchemin, que l'on replie en coiffe, en embrassant la carte, afin de donner plus de solidité au dos dans cette partie, et suppléer par là à la tranchefile, que n'a pas cette reliure. On a soin de parer, sur le volume, lorsqu'il est sec, le parchemin des coins, afin que sous le papier il ne présente pas d'épaisseur saillante.

On peut couvrir le dos en peau, de même qu'une demi-reliure, et le reste se couvre en papier. On les couvre ordinairement en papier de couleur, uni ou gaufré, et l'on suit pour cela les mêmes procédés que nous avons indiqués, soit pour la demi-reliure, soit pour la reliure entière.

On peut faire un beau cartonnage, très élégant, en couvrant le volume en entier avec du papier doré en fin, et ensuite en poussant des gaufrures sur le plat et sur le dos. Nous venons d'en voir un de ce genre, pour un volume qu'on a offert à S. M. CHARLES X; il ne laissait rien à désirer : il est à tranches dorées, et les lettres du titre sont en argent; c'est le premier qui a été fait de cette manière. Il a été exécuté par M. Berthe aîné, relieur à Paris, rue Hautefeuille, n° 10; c'est à cet habile relieur que nous devons toutes les notes sur l'art qu'il exerce avec distinction, qu'il nous a communiquées avec plaisir et sans aucune restriction. Si tous les ouvriers instruits lui ressemblaient, nous aurions bientôt un recueil complet et exact des arts industriels, et les ouvriers atteindraient facilement le perfectionnement après lequel les hommes sensés et amis de leur pays soupirent depuis long-temps.

SEPTIÈME SECTION.

DU MARBREUR.

Le relieur de province qui ne se trouve pas dans une ville de fabrique de librairie, doit savoir faire toutes les parties qui concernent son état ; mais rarement il marbre la tranche des livres, parce qu'il lui faudrait de trop grands apprêts pour cela, et que la petite quantité de volumes dont il aurait à marbrer les tranches à la fois, ne le dédommagerait pas des frais qu'il aurait à faire pour monter les appareils indispensables pour bien opérer. On verra dans la suite de la description que nous allons donner, que les couleurs et leurs mordans se putréfient assez promptement, et que par cette raison on s'exposerait à faire des pertes considérables, si, lorsqu'on a préparé la marbrure, on n'avait pas une assez grande quantité de volumes pour tout employer.

Dans les villes de fabrique il n'en est pas de même : aussi y trouve-t-on des ouvriers uniquement occupés à ce travail. Dans ces villes, les relieurs sont en assez grand nombre, et ils envoient leurs volumes aux marbreurs, qui, par ce moyen, ont assez d'ouvrage, et n'en manquent jamais. Cette branche de la reliure est toujours mieux faite, avec plus de régularité et plus de promptitude par ces ouvriers qui ne font pas autre chose. Il en est de même pour tous les genres de dorure, comme on le verra dans la Section suivante.

Les outils dont le marbreur a besoin ne sont pas en grand nombre. 1°. Un baquet formé de planches en chêne qui contient bien l'eau; 2°. un petit bâton rond; 3°. quelques vases de terre pour renfermer les couleurs et les diverses préparations; 4°. un petit fourneau; 5°. un porphyre et sa molette pour broyer les couleurs, sont les ustensiles indispensables.

Le baquet est en chêne; il a trente pouces de long, sur dix-huit à vingt pouces de large, afin qu'un in-folio y soit bien à l'aise; et deux à trois pouces de profondeur. Tous les joints et toutes les fentes doivent être solidement mastiqués afin qu'il soit absolument imperméable à l'eau.

Préparation de la gomme. On met dans un vase propre un demi-seau d'eau, et l'on y fait dissoudre à froid trois onces de gomme adragant, en remuant de temps en temps pendant cinq à six jours ; c'est ici ce qu'on peut appeler *l'assiette* ; c'est la couche sur laquelle se posent les couleurs qui doivent servir à la marbrure, avec laquelle elles ne doivent pas se mêler, comme on le verra par la suite ; cette quantité est suffisante pour marbrer quatre cents volumes.

On doit avoir toujours de la gomme préparée, plus forte que celle que nous venons d'indiquer, afin de pouvoir en augmenter la force, si cela est nécessaire, lorsqu'on en fera l'épreuve, comme nous allons l'expliquer.

Préparation du fiel de bœuf. On verse dans un plat un fiel de bœuf, auquel on ajoute une quantité d'eau égale à son poids, et l'on bat bien ce mélange : après quoi on ajoute encore dix-huit grammes de camphre, qu'on a fait dissoudre préalablement dans vingt-cinq grammes d'alcool ; on bat bien le tout ensemble et l'on filtre au papier joseph. Cette préparation doit se faire au plus tôt la veille du jour qu'on veut marbrer ; sans cela elle risquerait de se gâter.

Préparation de la cire. Sur un feu doux, et dans un vase vernissé, on fait fondre de la cire vierge (cire jaune). Aussitôt qu'elle est fondue on la retire du feu, et l'on y incorpore petit à petit, et en remuant continuellement, une quantité suffisante d'essence de térébenthine, pour que la cire conserve la consistance du miel. On reconnaît qu'elle a une fluidité convenable, lorsque, en en mettant une goutte sur l'ongle et la laissant refroidir, elle a la fluidité du miel. On ajoute de l'essence lorsqu'elle est trop épaisse.

De même que le fiel de bœuf, la cire ne doit pas être préparée trop long-temps à l'avance.

Des couleurs. On ne doit jamais employer pour la marbrure des couleurs extraites des minéraux. Les couleurs végétales et les ocres sont les seules dont on puisse se servir avec succès. Les couleurs minérales sont trop lourdes et ne pourraient pas être supportées à la surface de l'eau gommée.

Pour le jaune, on prend ou le *jaune de Naples*, ou la *laque jaune de gaude.* Le jaune doré se fait avec la *terre d'Italie* naturelle.

Pour les bleus de différente nuance, on emploie l'*indigo flore.*

Pour le rouge on se sert ou du *carmin*, ou de la *laque carminée en grains*.

Le brun se fait avec de la *terre d'ombre*.

Le noir avec le noir d'ivoire.

Le fiel seul produit le blanc.

Avec la terre d'Italie, l'indigo flore et la laque carminée, on fait une très belle tranche qu'on peut varier à l'infini.

Préparation des couleurs. On ne saurait broyer les couleurs trop fin : on les broie à la consistance de bouillie épaisse sur le marbre ou porphyre, avec de la cire préparée et de l'eau dans laquelle on a versé quelques gouttes d'alcool. Lorsqu'elles sont broyées, on en prend avec le couteau à broyer, on le renverse et elles doivent tenir dessus. Au fur et à mesure qu'on a broyé une couleur, on la met dans un pot à part ; elles doivent être toutes séparées.

Préparation du baquet à marbrer. On verse dans le vase qui contient la gomme préparée, qui doit occuper dans le baquet la hauteur d'un pouce, deux cents grammes d'alun en poudre fine ; on bat bien pour dissoudre l'alun. On en prend une cuillerée ou deux qu'on met dans un petit pot conique à confiture, afin de faire les épreuves nécessaires pour s'assurer si l'eau gommée a trop ou trop peu de consistance.

On prend un peu de couleur qu'on a délayée, en consistance suffisante, avec du fiel de bœuf préparé; on en jette une goutte sur la gomme dans le pot, et on l'agite en tournant avec un petit bâton. Si elle s'étend en formant bien la volute sans se dissoudre dans la gomme, celle-ci est assez forte; si, au contraire, la couleur ne tourne pas, l'eau gommée est trop forte, il faut y ajouter de l'eau, la bien battre de nouveau : si, au contraire, la couleur s'étendait trop, et se dissolvait dans l'eau gommée, on ajouterait de l'eau gommée forte qu'on a en réserve. Toutes les fois qu'on ajoute de l'eau ou de la gomme, on doit bien battre l'eau pour que le mélange soit parfait. A chaque essai que l'on fait, on doit jeter l'essai précédent dans un vase à part, et reprendre de nouvelle eau gommée. Lorsqu'on a rendu cette eau au point de consistance voulu, on la passe au tamis, et on la verse dans le baquet à la hauteur d'un pouce, comme nous l'avons dit.

Le baquet ainsi disposé, on colle toutes les

couleurs avec le fiel de bœuf préparé, et l'on fait en sorte qu'elles ne soient ni trop consistantes ni trop liquides. Plus on met de fiel et plus elles s'étendent sur l'eau gommée. Celle qu'on jette la première est la moins collée, celle qu'on jette dessus l'est un peu plus, et ainsi de suite. Le rouge, par exemple, est ordinairement la première qu'on jette. Toutes les fois qu'on jette une couleur sur une autre, celle-ci est étendue par la dernière qui la pousse de tous les côtés; et plus le nombre des couleurs est considérable, plus la première est étendue et occupe plus de place. Lorsque toutes les couleurs qu'on veut employer sont jetées, on enfonce le bâton et on tourne par-ci par-là, en spirale, afin de former des volutes lorsqu'on veut que la marbrure en présente.

On jette les couleurs avec des pinceaux qu'on peut fabriquer soi-même. On prend des brins d'osier d'un pied environ de longueur, et de deux lignes de diamètre; d'un autre côté on a fait choix, pour chaque pinceau, d'une centaine de soies de porc de la plus grande longueur possible; on arrange ces soies de porc tout autour de l'extrémité la plus mince du brin d'osier, et on les lie fortement avec de la ficelle. Ces pinceaux dont les soies sont longues ressemblent plutôt à un petit balai qu'à un pinceau. A l'aide de ces pinceaux on jette çà et là, sur la surface de la gomme, la première couleur ; sur celle-ci une seconde , puis une troisième , etc. , de sorte qu'en s'étendant ces couleurs se rapprochent ; ensuite on les agite en spirale si on le juge nécessaire. Nous allons en donner un exemple.

Supposons qu'on veuille former une marbrure qu'on désigne sous le nom d'*œil de perdrix* : on a préparé deux sortes de bleu avec l'indigo flore, l'un, tel que nous l'avons indiqué plus haut, et que nous désignerons sous le nom d'indigo n° 1 ; l'autre, qui est le même indigo qu'on a mis dans un vase à part, et auquel on a ajouté une plus grande quantité de fiel préparé, que nous désignons par le n° 2. On jette 1o. la laque carminée; 2°. la terre d'Italie; 3o. l'indigo flore n°. 1 ; 4o. l'indigo flore no 2, auquel on ajoute, avant de le jeter, deux gouttes d'essence de térébenthine qu'on remue bien; puis on agite en volute lorsque cela est nécessaire.

Le bleu n° 2 fait étendre toutes les autres couleurs, et donne ce bleu clair pointillé qui

produit un si joli effet. C'est à la seule essence de térébenthine qu'est due cette propriété. On peut incorporer cette essence dans
toutes les couleurs qu'on voudra jeter les dernières; elle serait sans effet si on l'incorporait
dans les précédentes.

Lorsque tout est ainsi disposé, le marbreur
prend huit à dix volumes, et commence par
marbrer les gouttières, qu'il prépare en posant
le volume sur la table par le dos; il laisse
tomber les cartons, et, appuyant sur les
mors, il aplatit la gouttière; il met des ais
entre chaque volume, les cartons en l'air; il
prend le tas entre les deux mains, serre bien
les volumes, et les plonge dans le baquet.
Aussitôt la gouttière est marbrée.

Il prend les mêmes volumes, il rabat les
cartons, les frappe par la tête pour les faire
rentrer jusqu'au niveau de la tranche; il ne se
sert plus d'ais, et les plonge dans le baquet. Il
en fait autant à la queue des volumes, et les
plonge ensemble de même.

On peut varier à l'infini les marbrures des
tranches, cela dépend du goût du marbreur,
du rang qu'il donne aux couleurs qu'il emploie,
et du nombre de couleurs dont il se sert.

HUITIÈME SECTION.

DE LA DORURE, ET DE LA GAUFRURE.

Nous avons séparé la dorure et la gaufrure qui en est une dépendance, des autres opérations du relieur, pour les rejeter dans une Section particulière, par la même raison que nous en avons séparé la marbrure. Ce genre de travail, dans les villes où la librairie se fait en grand, n'est pas ordinairement du ressort des relieurs; ils ne s'occupent pas de la dorure. Les opérations qu'elle exige sont exécutées par des ouvriers exclusivement adonnés à cette industrie ; ces travaux se font chez eux avec plus de soins, plus de promptitude et plus d'économie.

La dorure pour la librairie est de deux sortes, la dorure sur tranche, et la dorure sur le dos et sur la couverture. Il y a des ouvriers, à Paris, qui ne font que le premier genre de dorure, d'autres qui ne font que le second. Nous allons décrire ces deux genres de dorure séparément; nous donnerons ensuite la gaufrure, et nous terminerons par la manière d'extraire l'or des chiffons.

§. I. DE LA DORURE SUR TRANCHE.

L'on dore sur *tranche sans marbrure*, ou *après la marbrure*, ou *sur peinture*. Nous décrirons successivement ces trois manières de dorer sur tranche, en commençant par celle qui s'applique sans marbrure, comme étant aujourd'hui la plus usitée.

Nous dirons une fois pour toutes que les opérations nécessaires tant pour les préparations que pour la dorure et le brunissage, se font à la presse, quoique nous ne le répétions pas. Cette presse est placée sur une barrique défoncée d'un côté, surtout lorsqu'il s'agit d'appliquer l'or ou de le travailler quand il est appliqué, jusqu'après le bruni, afin que les parcelles d'or qui se détachent tombent dans la barrique et ne se perdent pas. Nous indiquerons plus bas comment on s'y prend pour retirer cet or.

Dorure sur tranche blanche.

Pour préparer la tranche à recevoir l'or et à le retenir, on encolle la tranche avec de la colle de parchemin, bien faite et bien limpide; on laisse bien sécher, ensuite on la gratte avec un grattoir d'acier, semblable au grattoir de l'ébéniste, arrondi par un bout et plat de l'autre. Ce grattoir est une lame d'acier mince comme celle d'un fort ressort de pendule ; sa largeur est proportionnée à celle du volume qu'on doit travailler ; on en a de plusieurs largeurs. Le côté rond est pour la gouttière, le côté plat est pour les deux bouts. On affûte le grattoir avec un instrument d'acier trempé et rond, de la même manière que les bouchers affûtent leurs couteaux avec l'instrument d'acier qu'ils nomment *fusil*.

Après que la tranche est bien grattée, on la brunit avec un brunissoir d'agate large, bien arrondi et bien poli, que les ouvriers appellent *dent*, parce qu'il a à peu près la forme d'une dent de loup. On brunit en travers.

On passe ensuite sur la tranche de l'eau seconde préparée avec une once d'acide nitrique étendu dans un litre d'eau. Ce liquide se passe sur la tranche bien serrée, avec un pinceau, et les ais dont on se sert sont plus épais d'un côté que de l'autre, comme ceux que nous avons indiqués pour la rognure de la gouttière. Avant que cette eau seconde soit totalement sèche, on frotte fortement la tranche avec de la rognure fine jusqu'à ce que le tout soit sec et clair. Ensuite on brunit de nouveau, et l'on passe au blanc d'œuf délayé dans un cinquième de litre d'eau. C'est à l'aide d'un petit pinceau qu'on passe ce blanc d'œuf, qui sert d'*assiette* pour l'or que l'on pose de suite.

On incline le volume dans la presse ; on commence par dorer la gouttière que l'on rend plate en appuyant sur les mors des deux côtés, et en laissant tomber les cartons par-derrière. On met le volume à la presse entre deux ais, et l'on serre fortement.

Avec un couteau, et sur le *coussinet*, on coupe l'or de la largeur du volume ; on enlève le morceau de feuille d'or de dessus le coussinet, avec un morceau de *papier pâte*, c'est-à-dire du papier non lissé, ou avec une carte dédoublée. La feuille d'or s'attache au duvet de ce papier, et on la transporte avec facilité sur la tranche ; elle s'y fixe de suite, on l'étend en soufflant dessus, et on l'assujettit avec du coton en rame.

On prend aussi quelquefois la feuille d'or avec une espèce de compas à longues branches coudées, avec lequel on la transporte sur l'endroit où l'on veut la poser. (Voy. *Pl.* 1, *fig.* 18.)

On dore ensuite de la même manière et avec les mêmes précautions la tête et la queue, après avoir fait descendre les cartons au niveau de la tranche. On incline les volumes dans la presse du côté du dos ; on les serre chacun entre deux ais qui garantissent le mors.

On laisse bien sécher la dorure à la presse, et l'on brunit ensuite avec une agate en travers du volume ; ce brunissage doit être fait légèrement et avec précaution pour ne pas enlever l'or, et bien également pour ne pas faire de nuances. Quand le brunissoir est passé par tout, on passe très légèrement sur la tranche un linge très fin et légèrement enduit de cire vierge, après quoi on brunit de nouveau un peu plus fort. On recommence cette opération plusieurs fois, jusqu'à ce qu'on n'aperçoive aucune onde faite par le brunissoir, et que la tranche soit bien unie et bien claire. Toutes les ébarbures de l'or s'enlèvent avec du coton en rame que l'on jette dans la barrique au-dessus de laquelle se font toutes les opérations de la dorure, comme nous l'avons dit.

Dorure sur tranche après la marbrure.

Après que le volume a été marbré, et qu'il est bien sec, on gratte la tranche avec le même grattoir dont nous avons parlé dans l'article précédent, et on la brunit de même ; on y passe ensuite du blanc d'œuf délayé dans l'eau et de suite on dore comme nous l'avons indiqué, et l'on brunit en travers ; lorsque le tout est sec, on aperçoit la marbrure à travers l'or.

Ce genre de dorure n'est plus de mode, cependant il est bon de savoir comment on opère, dans le cas où ce goût reprendrait. Il en est de même pour le genre d'ornement dont nous allons parler.

Dorure sur tranches antiquées

Après que la dorure a été faite comme nous l'avons indiqué dans le premier procédé, et qu'elle est brunie ; avant de sortir le volume de la presse on passe promptement une couche de blanc d'œuf délayé dans l'eau, avec précaution et légèrement, en évitant de passer deux fois sur la même place pour ne pas détacher l'or. On laisse sécher, puis on y passe un linge fin légèrement imbibé d'huile d'olive, et l'on applique dessus une feuille d'or d'une autre couleur que la première ; ensuite on pousse à chaud des fers qui représentent divers sujets. On frotte avec du coton en rame ; l'or qui n'a pas été touché par le fer chaud ne tient pas, il est enlevé, et il ne reste que les dessins que les fers ont imprimés, ce qui produit un très joli effet, mais dont la mode est passée.

Dorure sur tranches à paysages transparens.

Lorsque la tranche est préparée comme pour la marbrure, et qu'elle a été bien grattée et bien polie, on y fait peindre à l'*aqua-tinta* un sujet quelconque, tel qu'un paysage, par exemple ; ensuite on y passe une couche de blanc d'œuf délayé dans l'eau, et l'on dore de suite comme dans le premier procédé ; l'on brunit de même. Quand le volume est fermé, la dorure couvre le paysage et on ne le voit pas ; mais, lorsqu'on courbe les feuilles, on l'aperçoit facilement et on ne voit pas la dorure.

§. II. DE LA DORURE SUR LE DOS ET SUR LA COUVERTURE.

Lorsqu'on veut dorer la couverture d'un

livre, on commence par le dos, ensuite on dore le dedans des cartons; de là on passe au bord sur l'épaisseur des cartons, et on termine par le plat. Nous diviserons ce paragraphe en deux articles pour nous rendre plus intelligible. Dans le premier, sous le titre d'*Atelier du coucheur d'or*, nous ferons connaître les outils dont il se sert, et les manipulations qu'il emploie pour appliquer l'or sur les couvertures. Dans le second, sous le titre d'*Atelier du doreur*, nous décrirons les procédés qu'il met en usage pour fixer l'or qui a été déjà couché sur les places où une partie seulement de ce métal doit être fixée.

De l'atelier du coucheur d'or.

Les outils dont se sert le coucheur d'or sont en petit nombre, mais ils sont tous d'une grande importance.

1°. Un huilier (*Pl.* I, *fig.* 16); c'est une petite boîte souvent en bois, mais beaucoup plus propre en fer-blanc. Le côté A, B, est élevé et renferme un godet C dans lequel on met de l'huile de noix bien limpide: il est recouvert par un couvercle en fer-blanc D que l'on tient constamment fermé lorsqu'on ne travaille pas, afin de garantir l'huile de la poussière ou des ordures qui pourraient la salir. Cette boîte est étroite et longue, sa largeur intérieure est suffisante pour contenir le godet au milieu, et un espace vide de chaque côté d'environ un pouce ; sa longueur est assez grande pour renfermer les outils dont nous allons parler.

Un tiroir est pratiqué sur toute la surface de la boîte et au-dessous du godet ; c'est dans ce tiroir et dans la partie supérieure à côté du godet que sont renfermés les divers outils. Depuis le carré dans lequel se trouve le godet, les parois de la partie supérieure sont en plan incliné jusqu'à la naissance du tiroir.

2°. D'un côté de la partie supérieure de la boîte est placée l'éponge ; c'est un morceau d'éponge fine fixé au bout d'un manche de bois. On la voit à sa place dans la boîte en E (*fig.* 16), et à part en F (*fig.* 17) ; de l'autre côté sont les pinceaux et la pierre du Levant qui sert à affûter le couteau.

3°. Le couteau à couper l'or : il a de huit à dix pouces de long avec un manche court ; la lame doit être bien tranchante, et le tranchant doit être sur une seule et même ligne droite. On en voit la forme *fig.* 19.

4°. Le coussinet F (*fig.* 20) est formé d'une planche rectangulaire ou carré long, recouverte d'une peau de veau présentant en dehors le côté de la chair, bien unie, fortement tendue et matelassée avec de la laine.

5°. Le *bilboquet* G (*fig.* 21) : c'est une plaque de bois de six lignes de large sur trois pouces environ de long, doublée en drap collé par-dessus, H, et portant au milieu de sa longueur un manche I.

6°. Le *couchoir* J, en buis ; il a environ six pouces de long sur une bonne ligne d'épaisseur. (*Fig.* 22.)

7°. La *carte*, qui n'est autre chose qu'un morceau de papier pâte tel que nous l'avons décrit plus haut (page 232).

8°. Des *pinceaux* doux de poil de blaireau ; on en a de plusieurs formes, de ronds, et de plats qu'on nomme *palettes*. (*Fig.* 23.)

9°. *Deux billots cubiques* de même hauteur et de même dimension : on s'en sert pour étendre les deux couvertures dessus, en faisant tomber, entre les deux, les feuilles du volume. Par ce moyen on a la facilité de coucher l'or sur les plats sans danger d'enlever les parties déjà couchées. (*Fig.* 24.)

10°. Une *petite boîte* à contenir les cahiers d'or. Cette boîte s'ouvre par-dessus et par-devant, dans le genre des cartons de bureaux. (*Fig.* 25.)

11°. Une autre *petite boîte* garnie en dedans de papier satiné, qui, étant poli, ne permet pas à l'or de s'attacher au papier. Cette boîte sert à contenir les morceaux d'or qui n'ont pas été employés, pour les faire servir dans les opérations subséquentes.

12°. *Un petit compas* (*fig.* 26). Le bilboquet, le couchoir, la carte et le compas se renferment dans le tiroir de l'huilier lorsqu'on a fini de travailler.

Il faut beaucoup de propreté dans le travail du coucheur d'or; son atelier ne doit avoir aucun courant d'air qui s'opposerait aux opérations, et ferait perdre beaucoup d'or.

Le coucheur d'or prend un cahier de ce métal, il l'ouvre à l'endroit où est une feuille; il passe le couteau par-dessous, la soulève, la porte sur le coussin, et l'étend en la posant. Il l'étend parfaitement en dirigeant un léger souffle sur le milieu de la feuille; ensuite, après avoir pris , avec un petit compas , la largeur et la longueur des places où il doit coucher l'or, il le coupe avec le couteau, en le prenant par le manche , posant le tranchant sur les points marqués , et appuyant d'un doigt de la main gauche sur la pointe du couteau ; alors, en agitant légèrement le couteau comme si l'on sciait, l'or est facilement coupé.

Avant de prendre l'or, on passe, sur l'endroit où l'on veut coucher l'or, l'éponge sur laquelle on a mis une goutte d'huile de noix qu'on a étendue en une couche extrêmement mince, ou avec un pinceau à palette, large et doux, ou un pinceau ordinaire, selon les emplacemens sur lesquels on veut coucher l'or ; ensuite, soit avec la carte dédoublée , ou le morceau de papier pâte , soit avec le bilboquet, on prend l'or et on le transporte de suite sans hésitation , sans trembler, et avec assurance, sur l'endroit que l'on a préparé. Il faut poser l'or juste à la place où il doit rester, car il happe tout de suite, et si l'on voulait le tirer pour le pousser d'un côté ou de l'autre, on le déchirerait et la dorure serait mauvaise.

Avant de prendre l'or, soit avec la carte ,

soit avec tout autre instrument, il faut avoir soin de le passer légèrement sur le front à la naissance des cheveux, afin qu'il s'y charge d'une humeur onctueuse dont la peau est toujours un peu humectée dans cette partie, ce qui y fait attacher un peu la feuille d'or.

En couchant l'or sur le dos du livre, on le laisse un peu plus long qu'il ne faut, en tête et en queue, afin de l'appliquer parfaitement sur les coiffes.

Pour le bord des cartons, on prend l'or avec le *couchoir* après l'avoir passé, comme la carte, sur le front.

L'or se couche sur la bordure intérieure, soit avec le *couchoir*, soit encore mieux avec le *bilboquet*, en le passant de même sur le front.

Chaque fois qu'on a *couché* de l'or, on frotte l'instrument dont on s'est servi sur un linge fin et propre qu'on a sur soi ou à côté de soi.

On couche l'or pour les filets des plats de la même manière. Lorsqu'on couche à la main, on tient à pleine main les feuilles du volume de la main gauche, les cartons libres ; celui sur lequel on veut travailler est appuyé sur le pouce de cette main, le dos tourné vers soi. Alors on pose l'or sur le côté de tête ou de queue qui se trouve du côté du bras gauche ; on fait ensuite pirouetter le volume de manière que la gouttière soit vers le bras gauche, on couche ce côté ; on fait tourner encore le volume pour terminer par l'autre petit côté.

On peut aussi coucher l'or pour les filets sur les plats à la carte ou au bilboquet, sans tenir le livre. Pour cela, on prend les deux billots de forme cubique, on les place sur la table l'un à côté de l'autre à une distance suffisante pour que toutes les feuilles du volume puissent se loger entre les deux billots ; on ouvre les deux cartons qu'on fait reposer à plat sur les deux surfaces des billots, alors toute la couverture est à plat, et le volume pend entre les billots. On a ainsi beaucoup de facilité pour coucher uniformément et symétriquement les filets et tout ce qui doit orner les plats.

On ne doit pas glairer les places sur lesquelles on veut laisser l'or mat, la moire, la soie ; on se sert alors pour glairer de petits pinceaux afin de réserver ces places. Pour dorer la soie, après avoir glairé comme nous venons de le dire, on haleine dessus pour rendre l'œuf humide; ensuite on couche l'or qui happe de suite. On peut le coucher à l'huile en usant de précautions.

De l'atelier du doreur.

Les outils dont se sert le doreur sont distribués sur une table solide placée au-devant d'une croisée, afin qu'il reçoive directement sur son ouvrage toute la lumière du jour. Voici la liste et l'emplacement de ces outils, dont la description sera donnée dans un article suivant :

1°. Au-devant de lui, un peu sur la droite, le *fourneau* à faire chauffer les fers (*fig.* 27).

2°. A sa droite, et près de lui, un *petit vase* en terre vernissée ou en faïence, d'une forme oblongue, de sept à huit pouces sur deux pouces de large environ, connu sous le nom de *mangeoire* ou *abreuvoir* pour les oiseaux; ce vase est plein d'eau (*fig.* 28).

3°. Un *petit billot* en forme de parallélipipède rectangle (*fig.* 29), dont deux des deux faces contiguës sont fortement inclinées, afin que, dans le mouvement circulaire que la main du doreur est obligée de décrire pour poser les fers sur le dos du livre, elle ne soit pas gênée. Ce plan incliné est sur la droite de l'ouvrier, et le volume est appuyé contre le plan à gauche, et repose par sa gouttière sur la table. Afin d'empêcher ce billot de remuer, devant présenter un point inébranlable à l'effort du doreur, qui appuie le livre contre, on a placé deux chevilles en bois, à la surface inférieure, lesquelles entrent dans deux trous pratiqués dans le dessus de la table. Comme ces billots doivent être moins épais que la largeur du volume, on en a plusieurs appropriés à chaque format. Les chevilles sont placées toutes à la même distance, afin de ne pas cribler la table de trous ; ce billot se place devant l'ouvrier lorsqu'il en a besoin.

4°. Une *brosse* plate, rude, comme une brosse à souliers ou à frotter les appartemens ; elle est placée près du fourneau ; elle sert à passer les fers dessus pour en nettoyer la gravure (*fig.* 3o).

5°. Un morceau de *veau* pour essayer la chaleur des fers : il est disposé à côté du vase long à l'eau.

6°. Différentes *roulettes*, soit que chacune soit montée à part, soit qu'elles soient isolées et prêtes à être montées sur le fût commun, selon le besoin (*fig.* 31, 32, 33).

7°. Le *billot* à dorer les bords ; il a une face fortement inclinée : c'est contre cette face qu'on appuie le volume. L'ouvrier le prend pour le placer devant lui quand il en a besoin (*fig.* 34).

8°. Les *fers à dorer*, placés par ordre sur la table, afin de les trouver au fur et à mesure qu'il veut les employer.

9°. Le *composteur* avec sa casse, dans lequel il compose les titres, comme nous l'expliquerons, §. 3, (*fig.* 35 *et* 36).

10°. La *cloche à l'or*, (*fig.* 37) sur un coin de la table, il l'approche de lui lorsqu'il veut enlever l'or superflu qui n'a pas été fixé par les fers. Cette cloche sert à recueillir cet or au moyen des linges fins qu'on y conserve, ou qu'on y met au fur et à mesure du besoin.

11°. Un *torchon* de linge fin et propre.

Tous ces divers outils sont étalés sur la table et par ordre, afin que l'ouvrier ne soit pas obligé de chercher continuellement celui dont il veut se servir.

Pendant que l'ouvrier dispose sur la table tous les outils qui lui sont nécessaires, on allume un feu de charbon dans le fourneau, de sorte qu'il peut commencer à travailler de suite, aussitôt que les fers sont chauds.

Le petit billot (*fig.* 29) dont nous avons parlé est placé devant lui. Comme la coiffe du volume serait dans le cas de se détériorer, si l'on ne commençait pas par elle, l'ouvrier prend le volume de la main gauche, le pose, en travers, par la queue, sur le billot, la coiffe en dehors, afin qu'elle ne touche à rien, et prenant de la main droite la palette de la coiffe, il l'applique dessus lorsqu'il a éprouvé si elle est au degré de chaleur convenable. (La *fig.* 38 montre la forme de cette palette.)

Pour connaître si les fers sont suffisamment chauds, il les trempe à plat par le bout, dans le petit vase qui contient de l'eau (*fig.* 28); au degré de bouillonnement que fait l'eau, il juge si le fer a le degré de chaleur convenable. Quelques ouvriers font cet essai en touchant le fer avec le bout du doigt mouillé. On fait la même opération sur tous les fers; on peut aussi les essayer sur la peau de veau que nous avons dit qu'on plaçait sur la table. Un peu d'exercice et d'habitude rend maître dans cette partie.

Dès que les coiffes sont dorées, c'est-à-dire

que le fer a été poussé, et qu'on est alors assuré que l'or est bien fixé, on en enlève l'excédant avec un linge propre qu'on ne fait servir qu'à cet usage, et qu'on jette ensuite, lorsqu'il est suffisamment chargé, dans la cloche à l'or, pour en tirer parti comme nous l'indiquerons plus tard.

On place ensuite le volume contre le billot, la gouttière contre la table, comme le montre la *fig.* 29; on pousse les palettes qui doivent marquer les nerfs, en commençant par celle de queue et allant en montant vers la tête. Il faut surtout avoir soin de les placer sur les marques que nous avons indiquées, en faisant bien attention de les pousser toujours bien perpendiculairement au côté du volume.

Lorsqu'on pousse les fleurons sur les entrenerfs, on doit faire attention de les poser bien au milieu, et qu'ils ne penchent d'aucun côté.

Si le fleuron n'est pas assez grand pour remplir l'espace d'une manière bien agréable, on doit choisir dans les petits fers des sujets qui puissent, en les ajoutant au grand, présenter un ensemble qui plaise. On ne peut fixer aucune règle à ce sujet; nous donnerons, dans le §. V de cette Section, quelques exemples qui aideront le relieur intelligent, et pourront faciliter son travail.

Lorsque parmi les fers du relieur, il s'en trouvera quelques uns particuliers à la nature de tel ou tel ouvrage, il doit bien se garder de les pousser sur des traités auxquels ils ne se rapporteraient en aucune manière. Si, par exemple, il y en avait qui représentassent des animaux, ou des insectes, ou des fleurs, on aurait soin de ne les pousser que sur des ouvrages qui traiteraient de l'histoire naturelle ou de celle des insectes, ou des végétaux; et ne pas les pousser sur des livres de littérature, sur des romans, et moins encore sur des livres d'église, comme nous en avons vu. Dans ce cas on pousse sur ces ouvrages des fers insignifians; ce serait, autrement, de ces défauts qui annonceraient le mauvais goût ou l'insouciance de l'ouvrier.

Pour le titre, l'ouvrier le compose dans le *composteur*, comme on le verra dans le §. III suivant. Ce titre doit avoir au plus trois lignes. Si le volume est un ouvrage de science ou de littérature, la première ligne doit être le nom de l'auteur, avec un trait au-dessous;

ensuite l'ouvrier doit avoir assez de goût pour composer le titre en deux lignes au plus, aussi court qu'il lui est possible , en se faisant cependant bien entendre.

Lorsqu'on veut pousser le titre, on prend le volume par la tête , à pleine main , de la main gauche , le pouce en l'air , contre le second entre-nerf ; ce pouce sert à diriger le composteur , qu'on présente sur le volume sans l'appuyer. Alors on voit le mot, on le place au milieu de la distance, et lorsqu'on est bien fixé sur la place qu'il doit occuper, on appuie suffisamment , et l'on décrit un arc de cercle sur le dos , afin que toutes les lettres appuient sur toute sa rondeur.

Lorsque le volume est épais , comme on aurait beaucoup peine à le tenir à la main , on le met dans la petite presse à tranchefiler, et on l'y serre suffisamment.

Pour pousser des roulettes ou des filets sur le plat, on place le volume entre les deux billots de forme cubique, ainsi que nous l'avons indiqué (page 242) pour coucher l'or, et l'on pousse ainsi la roulette avec facilité, en appuyant le bout du manche sur l'épaule , et tenant l'autre bout du manche à pleine main.

Si l'on craint de ne pas aller droit, on peut diriger la roulette contre une règle que l'on tient fixement sur le carton, de la main gauche; on en fait de même pour les pousser dans l'intérieur, mais on appuie la couverture sur un ais qu'on pose sur la table, afin de ne pas gâter le dos.

Pour les bords des cartons, on appuie la couverture sur le plan incliné du billot à dorer les bords, comme on le voit *fig.* 34, l'on appuie la roulette contre le bord supérieur du billot, qui la dirige suffisamment.

L'ouvrier, après avoir doré, s'aperçoit facilement si son fer a été trop chaud, ou si le volume sur lequel il l'a poussé présentait quelque humidité. Dans ces deux cas l'or devient gris; si le fer était trop froid, l'or ne prendrait pas.

Lorsque le doreur a tout terminé, il enlève l'or superflu en frottant toutes les places avec un linge fin et propre, comme nous l'avons dit pour la coiffe, et il conserve à part ce linge, qu'on nomme *drapeau à l'or*, jusqu'à ce qu'il soit suffisamment chargé de ce métal; alors il le jette dans la cloche à l'or (*fig.* 37), ou bien dans un grand vase, où il le laisse en dépôt jusqu'au moment qu'il aura choisi pour en séparer le métal, comme nous l'indiquerons plus bas.

Observations générales sur la Dorure.

1°. Nous n'avons parlé, à la page 242, de la manière de dorer la moire que comme d'un procédé commun à toutes les autres substances, parce qu'effectivement nous savons par expérience que le procédé qu'on suit pour appliquer l'or sur les peaux peut être employé avec succès sur la soie ; qu'il est plus prompt et meilleur, et nous l'avons indiqué parce qu'il n'est pratiqué que par un petit nombre de relieurs, et que notre intention est d'en répandre l'usage ; voici le moyen qu'on emploie généralement :

On fait parfaitement dessécher le blanc d'œuf, afin de pouvoir le piler et le réduire en poussière impalpable qu'on passe au tamis de soie. On met cette poudre dans une petite fiole qu'on coiffe d'un parchemin mouillé et bien tendu, comme une bouteille dans laquelle on renferme de la sandaraque en poudre pour l'usage des bureaux. On perce, avec une épingle, quelques trous dans ce parchemin lorsqu'il est sec, et c'est cette poussière de blanc d'œuf dont on se sert pour *l'assiette* de l'or. On saupoudre ce blanc d'œuf sur toutes les places où l'on veut poser l'or ; on se sert d'une roulette d'un grand diamètre, tel que sa circonférence convexe soit d'une étendue plus grande que la longueur du filet que l'on veut poser, et c'est avec cette roulette que l'on prend la feuille d'or qu'on a coupée de la largeur convenable. Il est facile de concevoir que si la roulette ne présentait pas une circonférence assez longue pour contenir, sans le doubler, une seule épaisseur d'or, le premier bout de la bande qu'on aurait pris, et qui se serait attaché à la roulette, serait recouvert par la fin de la bande ; il y aurait à ce point deux épaisseurs qu'on ne pourrait pas détacher : il est donc important que la roulette soit assez grande pour qu'on n'ait qu'une seule épaisseur.

Tout cela ainsi disposé, et après avoir fait chauffer la roulette plus fortement que pour le cuir, et le maroquin, on enlève avec elle l'or de dessus le coussin, et on le pose de suite, avec la même roulette, sur la place où l'on a mis la poudre. On termine la dorure comme nous l'avons dit précédemment.

2°. Lorsqu'on veut coucher l'or sur la soie après le glairage, en suivant le procédé que nous avons indiqué (page 242), on doit humecter les places glairées en dirigeant fortement l'haleine dessus , afin de donner au blanc d'œuf une certaine moiteur, et l'on pose de suite l'or. On pourrait le coucher à l'huile en usant des précautions nécessaires pour ne pas tacher l'étoffe.

3°. *Dorer les milieux sur les plats.* Soit qu'on veuille pousser, sur le plat des volumes, des armoiries, des coins ou des fleurons, il faut faire attention si tous les ornemens doivent conserver ou non des portions mattes. On glaire avec le blanc d'œuf, et avec un pinceau, toutes les parties qui ne doivent pas être mattes ; on n'attend pas que ce glairage soit entièrement sec , il doit conserver une légère humidité. Alors on pose l'or, on ouvre la couverture du volume, on place le carton sur le billot qu'on a déjà mis sur la presse, exactement au-dessous de la vis ; le restant du volume tombant en dehors ; par-dessus on pose la plaque gravée, chaude au point de pouvoir à peine la tenir dans la main, lorsque la couverture est en veau. Elle doit être moins chaude pour le maroquin. Cela fait on serre la presse fortement, comme par un coup de balancier, et l'on desserre sur-le-champ.

Pour les volumes dont on voudrait laisser les plats sans brillant excepté l'or, au lieu de blanc d'œuf on peut employer, pour mordant de l'urine du matin allongée d'une quantité d'eau égale à la sienne. La plaque doit avoir le même degré de chaleur que nous l'avons indiqué pour le maroquin.

4°. L'ouvrier ne saurait porter une trop grande attention dans la manière dont il place ses plaques sur la couverture en les mettant à la presse. Comme rien ne serait plus ridicule et plus désagréable à la vue qu'une plaque mal disposée, il doit prendre les précautions suivantes. Il doit se servir de l'équerre, d'un compas et de la règle, mesurer bien les distances, afin que les armoiries ou les fleurons soient bien au milieu du plat, que les distances aux quatre bords soient bien égales entre elles, si la plaque le permet, ou au moins que les champs du haut et du bas soient parfaitement égaux entre-eux, ainsi que les champs de côté. Il faut de plus que le fleuron, quel qu'il soit ne penche ni d'un côté ni de l'autre. Rien ne prouve plus l'ignorance ou la négligence de l'ouvrier que l'aspect d'un ornement mal disposé sur la couverture d'un livre ; il vaudrait beaucoup mieux qu'il n'y en eût pas.

Du moyen de séparer l'or des chiffons qui ont servi à la dorure.

Nous avons dit (page 230) que le doreur opère toujours sur une barrique défoncée, afin d'y receuillir toutes les parcelles d'or qui se détachent pendant son travail, qu'il jette dans cette barrique tous les chiffons , et le coton en rame dont il se sert pour enlever l'or superflu, lorsque ces chiffons en sont suffisamment chargés, jusqu'à ce qu'il en ait une assez grande quantité pour en extraire le métal précieux. Nous avons ajouté qu'il jette et qu'il conserve dans la *cloche à l'or* (*fig.* 37) les chiffons et le coton pendant le travail et jusqu'à ce qu'ils soient assez chargés d'or, il les jette alors dans la barrique. Voici comment on s'y prend pour en séparer l'or, et le recueillir en entier.

On met dans une terrine de grès les chiffons ; on introduit le tout dans un poêle, ou bien on place cette terrine sur un feu doux pour bien dessécher les chiffons ; on y met le feu ensuite et on laisse brûler, en ajoutant de nouveaux chiffons au fur et à mesure qu'ils se brûlent. Lorsque le tout est bien réduit en cendres, on y mêle une quantité suffisante de borax en poudre selon la quantité de cendres qu'on a ; on plie le tout dans une feuille de papier qu'on lie avec une ficelle. Pendant ce temps on prépare un bon creuset qu'on met dans un fourneau au milieu des charbons ardens, on fait rougir le creuset ; ensuite on y jette le paquet de cendres tel qu'il est arrangé, on couvre le creuset, et on pousse le feu jusqu'à rougir le creuset à blanc. Le métal se fond et se rassemble en culot au fond du creuset. Lorsque le tout est froid on retire le métal. Voilà comment on s'y prend ordinairement.

Les laveurs de cendres agissent autrement. Dans un petit moulin en pierre dure, de la forme de ceux dans lesquels on broie l'indigo, on met les cendres avec du mercure coulant et pur, on tourne la meule supérieure, et l'on broie fortement. Le mercure s'empare de tout l'or, et laisse les cendres à nu. Alors on lave bien les cendres, l'amalgame de mercure et d'or se précipite, et lorsque les cendres ont entièrement disparu, le laveur met l'amalgame dans une cornue dont le bec recourbé plonge dans un vase plein d'eau. Après avoir ainsi préparé la cornue, et qu'elle a été posée sur un fourneau, au bain de sable, on allume le feu, qui n'a pas besoin d'être bien actif. Aux premiers degrés de chaleur le mercure se volatilise et se dirigeant par le bec de la cornue dans l'eau, il s'y condense et reparaît sous la forme et le brillant métallique, d'où on le retire pour servir dans une autre opération. On trouve l'or en poudre dans le fond de la cornue.

Si l'on a employé du mercure pur, comme nous l'avons prescrit, l'or se trouve aussi dans la cornue à l'état de pureté. On le fond dans un creuset avec du borax, comme dans le premier procédé; mais l'on n'a pas besoin d'un creuset aussi grand et par conséquent d'une aussi grande quantité proportionnelle de charbon. Si l'or est allié, il faut en faire faire le départ. Cette opération n'est pas dans les attributions du relieur, ni du doreur.

§. III. Du composteur.

Le *composteur* (*fig.* 35) est un instrument dont on se sert pour dorer sur le dos des volumes, les lettres qui forment le titre des ouvrages. Autrefois cela se pratiquait en poussant chaque lettre l'une après l'autre, à la main, ce qui était très long, et formait souvent des irrégularités que l'on remarque sur beaucoup de livres anciens. Ce n'est que depuis quelques années qu'on a imaginé cet instrument.

Il est formé de deux plaques de laiton *a* disposées parallèlement entre elles et retenues à une distance convenable pour recevoir juste les lettres *m* dont on compose les mots qu'on doit pousser sur les titres. Ces petites plaques *a* sont solidement fixées dans une armature *b*, portant latéralement une vis à oreilles *d*, qui sert à serrer les lettres afin qu'elles ne ballottent pas. La queue de l'armature est solidement enfoncée dans un manche en bois *c*, cerclé d'une frette ou virole en fer *g*. Tout cet instrument est en laiton, ainsi que les lettres.

La casse qui accompagne le composteur et qu'on voit (*fig.* 36), est une boîte à compartimens qui renferme dans chacun d'eux

1°. toutes les lettres de l'alphabet, et dont chacune est en nombre suffisant pour tous les besoins ; 2°. pareillement les caractères des chiffres arabes pour le titre de tome. Cette boîte qui se ferme par un couvercle à coulisse *c*, est assez grande pour renfermer aussi deux composteurs , parce que souvent on en emploie deux à la fois.

Le doreur doit avoir toujours au moins deux assortimens semblables , afin d'avoir de gros et de petits caractères , selon que les formats sont plus ou moins grands.

Le composteur a assez d'étendue pour pouvoir y placer la composition de deux ou trois lignes , car on en a rarement un plus grand nombre à pousser. Le doreur compose la première ligne qu'il place sur le composteur à gauche , puis il met un espace , ensuite il compose la seconde ligne qu'il place à la suite ; puis un espace , et enfin la troisième ligne qu'il met à la suite. Si le composteur n'est pas assez grand pour y placer le titre en entier , il place le reste sur le second composteur ; mais il doit avoir soin de ne pas couper une ligne par le milieu en en plaçant une partie sur un composteur et l'autre sur l'autre. Il faut qu'une ligne entière soit sur le même composteur, sans cela il s'exposerait à pousser la ligne d'une manière désagréable ou incorrecte.

Quant à la manière de composer le titre et de le pousser, nous l'avons suffisamment expliqué (pages 248 et 249).

§. IV. DE LA GAUFRURE.

La *gaufrure* est une sorte d'ornement qu'on emploie beaucoup aujourd'hui sur les plats et sur le dos des volumes; elle se fait avec des fers et des plaques comme la dorure, mais sans y appliquer de l'or. On l'entremêle assez souvent avec de l'or, cela fait un très joli effet, lorsque le goût a présidé à ces opérations. Dans tous les cas la gaufrure fait partie de la dorure, et entre dans les attributions du doreur sur cuir.

Cet ornement consiste à graver profondément en relief des desseins plus ou moins compliqués. Lorsque ces derniers sont petits, ils sont poussés à la main avec des fers et des roulettes semblables à ceux du doreur. Lorsqu'ils sont grands, ils sont gravés sur des plaques de cuivre doublées en bois, comme pour la dorure, et alors ces grandes gaufrures se poussent à la presse, comme nous l'avons dit dans l'article précédent (page 253). Les observations que nous avons indiquées sont les mêmes ; nous allons faire connaître seulement ce qu'il peut y avoir d'important à considérer.

Si la gaufrure doit rester matte, et que le glairage se soit extravasé sur des places qui ne doivent pas avoir d'or, et qui ne doivent pas rester brillantes, il faut les laver proprement avec le bout du doigt enveloppé d'un linge fin et mouillé, afin d'enlever le blanc d'œuf.

Les fers à gaufrer doivent être seulement tièdes, surtout pour le maroquin.

Les coins, les milieux des plats, et surtout les plaques doivent être poussés à la presse, comme nous l'avons indiqué pour la dorure; mais les petits fers se poussent à la main, ainsi que nous l'avons dit plus haut.

Lorsqu'on veut, sur les plats, pousser des raies noires, droites, plus ou moins larges, ce qui fait très bien, on se sert de plumes en fer ou mieux de grosses plumes de cigne, dont le bec est de la largeur nécessaire, on les trace à l'aide d'une règle, et en employant la composition dont voici la recette.

On met tremper dans de l'acide pyroligneux très fort, et pendant un temps suffisant, une certaine quantité de clous neufs, jusqu'à ce que le liquide soit chargé d'une bonne quantité de rouille (*oxide de fer*), et que l'acide soit d'un jaune foncé. On y mêle une quantité de gomme arabique, en poudre, pour neutraliser une partie de l'action de l'acide, et former une bouillie claire. Alors on passe cette bouillie sur la peau avec la plume, et en séchant le trait noircit et acquiert une certaine épaisseur.

Pour faire ces filets noirs sur le dos du maroquin, on se sert des palettes à filets en fer. (on ne doit employer ni le cuivre ni le laiton). On charge à la chandelle ces palettes de noir de fumée qui se dépose ensuite sur le cuir, et s'y fixe.

On voit, comme nous l'avons dit en commençant, que la gaufrure exige les mêmes manipulations que la dorure, à la seule différence près que pour la gaufrure, proprement dite, on n'emploie pas d'or.

§. V. DE LA COMBINAISON DES FERS.

Savoir combiner entre eux les fers employés dans la dorure sur cuir est un des points les plus importans de l'art du doreur. Il est facile à l'ouvrier intelligent et que le goût dirige, de produire, avec un petit nombre de jolis fers, une série très nombreuse de fleurons extrêmement agréables et continuellement variés. Quelques exemples que nous allons prendre au hasard suffiront pour donner l'intelligence de ces procédés.

Le grand fleuron, *fig.* 53, est formé seulement des deux fers *fig.* 54 *et* 55. Comme il s'agit non seulement de faire sur le plat de la couverture un joli fleuron dont on a conçu la composition, mais encore de le placer d'une manière agréable et de façon qu'il ne penche ni d'un côté, ni de l'autre, pour cela l'ouvrier trace sur le plat, avec le tranchant d'un plioir deux traits A, A, B, B, à angles droits qui partagent la hauteur et la largeur du volume en deux parties égales, et se croisent dans le milieu du plat.

Il pose ensuite son fer, *fig.* 54, de manière à ce qu'il remplisse un des angles droits que les deux lignes présentent au milieu, il pousse une fois ce fleuron. Il en fait autant pour les trois autres angles droits. Cela fait, il a obtenu un grand fleuron désigné par les lettres a, a, a, a. Il ajoute ensuite sur chacune des lignes tracées le fleuron, *fig.* 55, aux places marquées b, b, b, b, et il a obtenu un grand fleuron qu'il avait déjà conçu dans son imagination.

Si l'emplacement ne lui avait pas permis de placer sur les deux côtés en m, m, le fleuron *fig.* 55, il aurait pu le supprimer, n'y rien mettre, ou bien y pousser un gros point, ou bien le fer, *fig.* 51, le fleuron n'en aurait pas été moins agréable; il aurait pu également pousser aux points c, c, c, c, c, c, c, c, le fer *fig.* 51, le grand fleuron aurait été encore plus orné.

Le fleuron, *fig.* 46, est formé par la réunion des six fers 47, 48, 49, 50, 51 et 52. Voici comment on s'y prend. Après avoir marqué, avec l'angle du plioir, les deux lignes A, A; B, B, perpendiculaires l'une à l'autre, comme nous l'avons indiqué dans l'exemple précédent, on pose le fer, *fig.* 47, de manière que les deux lignes se coupent dans le milieu du petit carré que la figure présente à son centre. On pousse ensuite dans la ligne verticale au-dessus et au-dessous de ce premier fleuron le fer, *fig.* 48, on pousse ensuite le fer *fig.*52, qui ne porte qu'une ligne droite en *a* et en *b*, de manière que la ligne horizontale partage la ligne du fer en deux parties égales, en ayant l'attention que cette ligne que porte le fer soit bien parallèle à la ligne verticale, et en soit à une distance suffisante mais pas trop grande de l'ornement du premier fleuron. On en fait autant de l'autre côté.

On pousse ensuite en *c* le fer *fig* 49, qui représente une espèce de corne d'abondance, de manière que le bout de la feuille qu'il porte arrive presque au bout de la ligne droite, tandis que le bout de la corne tombe presque à l'extrémité de la volute du fleuron, *fig.* 48. On pousse avec le même fer, *fig.* 49, le même ornement en *d*, et le fer, *fig.* 5o, en *e* et en *f*, avec les mêmes précautions.

Enfin, pour garnir les vides, on pousse en *n*, *n*, *n*, *n*, le fer, *fig.* 51.

On voit que dans toutes ces combinaisons on doit observer rigoureusement la symétrie afin que la réunion de tous ces dessins présente une forme agréable.

23

Le fleuron, *fig.* 56, est gravé d'une seule pièce ; mais il est facile de concevoir qu'il aurait pu être formé de plusieurs fers détachés, 1°. le carré du milieu ; 2°. les quatre bouts d'ornemens *a, a, b, b,* qui l'environnent auraient pu être gravés sur deux fers comme les *fig.* 49 *et* 50 ; 3°. l'espèce de coquille *c, c,* et 4°. enfin un seul fer pour former les deux ornemens *d, d,* de sorte que cinq fers suffiraient pour produire ce grand fleuron, et avec ces cinq fers on pourrait varier beaucoup ces fleurons, surtout si l'on y entremêlait les fers, *fig.* 48, 49, 50, 51, 52, et 55.

Le fleuron, *fig.* 57, est excellent, tel qu'il est, pour des coins ; mais en le doublant, c'est-à-dire en le poussant de manière que l'angle *a* fût porté dans la même ligne, mais au-dessous, on aurait un fleuron aussi grand que celui que représente la *fig.* 46, et l'on remplirait les vides des deux côtés, soit avec la *fig.* 48, ou la *fig.* 55, ou la *fig.* 51, ou même les cornes d'abondance *fig.* 49 et 50.

On voit encore dans la *fig.* 45 un exemple de la combinaison des fers sur le dos. Le fleuron *h* est formé par un seul fer ; on a poussé au-dessus et au-dessous le même fleuron *g, g,* ils sont seulement tournés en sens inverse l'un de l'autre.

Il serait superflu de multiplier davantage les exemples ; ceux que nous venons de donner suffiront aux lecteurs intelligens pour leur faire concevoir toutes les ressources que le goût peut leur donner, pour former, avec un petit nombre de fers bien choisis, une infinité d'ornemens plus agréables les uns que les autres.

Ce que nous venons de dire pour la dorure, s'applique exactement à la gaufrure ; la seule différence consiste en ce que, pour ce dernier genre d'ornement, l'ouvrier pousse ses fers sur la peau qui n'a pas été auparavant recouverte de feuilles d'or. Du reste il opère de même. (*Voyez* le paragraphe précédent *de la Gaufrure*, page 260).

~~~~~~

NEUVIÈME SECTION.

DESCRIPTION DES OUTILS DONT SE SERVENT LE RELIEUR ET LE DOREUR, ET EXPLICATION DES FIGURES.

Atelier du relieur.

Figure 1. Pierre à battre et *marteau à battre.* On voit ici la manière dont l'ouvrier tient le marteau A de la main droite, tandis que de la gauche il tient la battée appuyée sur la pierre B. Cette opération est décrite §. III, page 50.

Fig. 2. *Le cousoir.* Il est décrit §. V, page 53.

Fig. 3, 4, 5, 6 et 8. Représentent la presse à rogner, le fût à rogner avec son couteau à la lyonnaise et tous ses détails.

La *fig.* 3, montre le fût hors de la presse. On y remarque la vis a, sa tête b, les deux clefs e, f, les deux jumelles c, d; la jumelle c est par-dessous en queue d'aronde pour s'engager dans une tringle placée sur la presse à rogner pareillement en queue d'aronde, elle porte aussi par-dessous une boîte en fer à coulisses n,
~~~~~~

dans laquelle passe à queue d'aronde le couteau *m, m,* qui y est fixé au point convenable
par la vis à oreilles *o.*

La *fig.* 4 représente les deux mêmes jumelles
c, d, vues de face, un peu en perspective,
et par-dessous. Le trou *g* de la jumelle *d* est
taraudé et sert d'écrou à la vis *a.* Le trou *h* de
la jumelle *c* n'est pas taraudé, il reçoit le collet
de la vis qui y tourne librement, lorsque
l'ouvrier la fait mouvoir circulairement. Les
quatre trous carrés *i, i, i, i,* reçoivent les clefs
e, f. On y remarque la coulisse à queue d'a-
ronde *q,* et l'entaille *p,* dans laquelle se loge
la boîte *n* en fer qui porte le couteau à rogner
m, m, (fig. 3).

La *fig.* 6, montre la coupe sur une plus
grande échelle de la jumelle *c,* afin de montrer
l'ajustement du couteau à la lyonnaise. On voit
en *n* une plaque en fer qui porte par-dessous
une rainure à queue d'aronde pour recevoir
pareillement à queue d'aronde la queue du
couteau qu'on avance ou qu'on recule à volonté et que l'on fixe à la longueur convenable
par une vis de pression *o (fig.* 3). La boîte *n*
reçoit dans un trou carré et à biseau la tête,
pareillement carrée et à biseaux, du boulon

à vis *r*, qui traverse la hauteur de la jumelle et fixe cette boîte contre le dessous de la jumelle par un écrou à oreilles *s*. *Voyez* les détails de ce boulon (*fig.* 8).

La *fig.* 5, représente la presse à rogner que nous avons décrite, page 88, sur laquelle est placé le fût à rogner entre les mains d'un ouvrier occupé à la rognure. On voit que la presse à rogner est posée à plat sur le *porte-presse* D, afin qu'elle se trouve à la hauteur convenable pour faciliter le travail de l'ouvrier.

La *fig.* 7, sert à la démonstration de l'opération de la tranchefile. Cette figure en renferme trois l'une sur l'autre. La plus élevée montre le noyau de la tranchefile simple; au-dessous on voit le double noyau de la tranchefile à chapiteau. La troisième qui est au-dessous de cette dernière représente un volume du côté de la tranche, une tranchefile à chapiteau commencée, et les fils qui la forment ne sont pas serrés, afin qu'on en voie la marche, ainsi que nous l'avons expliqué §. XIII, page 107.

La *fig.* 9, indique la forme d'un petit marteau dont le relieur se sert dans l'opération de l'endossure §. IX, page 75.

La *fig.* 10 montre la manière dont on pare

les cartons, et l'on passe les ficelles pour lier la couverture au volume. Elle sert à rendre plus intelligible le texte, page 73.

La *fig.* 11 représente une membrure garnie en fer, dont nous avons parlé plusieurs fois, page 82.

La bande de fer *a*, *a*, est fixée sur la membrure par plusieurs vis à bois distribuées sur sa longueur.

La *fig.* 12, indique la forme des *ais à mettre en presse*, de la grandeur du volume et d'une égale épaisseur partout. Ils ne diffèrent de la *membrure* que parce que celle-ci est un peu plus grande et plus épaisse.

La *fig.* 13, est une presse qui sert à dorer la tranche des volumes, et à tranchefiler. Pour dorer la tranche on place le volume comme on le voit en *a*, entre les deux vis. Pour faire la tranchefile on place le volume sur le bout de la presse, il est serré par le dos, comme on le voit en *b*, un peu incliné par la tête vers la tranchefileuse qui se place en *c* du côté de la gouttière.

La *fig.* 14 représente la *pointe* ou le *couteau à rabaisser*, nouvellement inventé; il a été décrit page 72. On voit, dans la figure, sa gaîne *a*, le couteau *b*, qui glisse dedans, et auquel on ne donne que la saillie désirée, en la fixant au point convenable par la vis à oreilles *c*.

La *fig.* 14 (*bis*) a été décrite page 129, à l'article *fouetter et défouetter*.

La *fig.* 15 montre la forme du fer à polir dont nous avons parlé, page 197, on y voit le fer *a*, son plan incliné *b* qui sert seul à polir: son manche en bois *c*.

La *fig.* 39 montre la forme de l'instrument que nous avons appelé *équerre à rebords* que nous avons décrit, page 88, à laquelle nous renvoyons, peur éviter les répétitions. On y voit l'anneau *a* qui sert à la suspendre à une pointe contre le mur.

La *fig.* 40 indique la manière de passer la lanière de peau qui sert à faire la tranchefile des gros livres d'église ou de chœur. Nous avons décrit cette figure dans la Onzième Section.

Atelier du doreur.

Fig. 41. *Grattoir* d'acier, décrit page 231.

Fig. 42. *Fusil* pour affûter le grattoir, décrit même page 231.

Fig. 20. *Coussinet* à placer l'or, pour le couper; page 237.

Fig. 19. *Couteau* à couper l'or sur le coussinet, décrit page 237.

Fig. 43. *Brunissoir* en agate, pour polir la tranche dorée des livres.

Fig. 44. Autre *Brunissoir* en agate, en forme de *dent de loup*, et qui en porte le nom.

Fig. 16. *Huilier*, décrit page 236.

Fig. 21. *Bilboquet* G. Il est décrit page 238.

Fig. 22. *Couchoir* en buis, décrit page 238.

Fig. 23. *Pinceaux* de différentes formes, décrits page 238.

Fig. 24. Deux *billots cubiques*, décrits p. 238.

Fig. 25. *Boîte* à renfermer les cahiers d'or, décrite page 238.

Fig. 26. *Petit compas* nécessaire pour prendre plusieurs petites dimensions.

Fig. 18. *Compas* à coucher l'or. La figure indique la manière dont les branches sont ployées; il a été décrit page 232.

Fig. 27. *Fourneau* à faire chauffer les fers. C'est un instrument de nouvelle invention, le plus commode et le plus parfait que nous connaissions; pour bien concevoir sa construction, il faut le considérer comme composé de deux parties; le fourneau, proprement dit A, qui est placé par-derrière, et la partie antérieure F, que nous allons décrire séparément.

1°. Le fourneau, proprement dit, se compose du corps du fourneau A, de son chapiteau B, qui reçoit la fumée et les gaz qui s'échappent du charbon en combustion, et les dirige vers le tuyau C, qui les conduit au-dehors.

Le fourneau porte dans son intérieur, à peu près à la moitié de sa hauteur, une grille en fer sur laquelle on place le charbon nécessaire à la combustion, sur le devant sont pratiquées deux grandes ouvertures qui peuvent être entièrement ouvertes ou fermées chacune à moité, dans leur hauteur, par deux portes G et H, qui se meuvent sur des charnières verticales, selon que les parties que l'on a à faire chauffer sont plus ou moins grandes. Au-dessous, et sur le devant, est pratiquée une large ouverture E pour l'introduction de l'air nécessaire à la combustion; cette ouverture peut être fermée par une porte qu'on voit à travers les barreaux de la partie antérieure, selon qu'on a besoin d'un tirage plus ou moins fort.

Sur le côté on voit un tiroir D qui sert à recevoir les cendres du charbon, pour s'en débarrasser lorsqu'il est plein : toutes les parties de ce fourneau sont construites en tôle.

2°. La partie antérieure a sa base F en tôle ; tout le reste est construit en petites tringles en fer, comme l'indique la figure ; ces tringles servent à supporter les fers, les palettes et les roulettes dont se sert le doreur : elles reposent, par leur partie métallique, sur les dents de la crémaillère que l'on aperçoit près du fourneau, et par leur manche, sur les traverses que l'on voit en avant. On ne connaît rien de plus commode que cet instrument simple et élégant.

Fig. 28. Petit *vase* en faïence, décrit page 243. On voit la main de l'ouvrier qui y plonge une palette ; cette disposition, que nous avons voulu représenter, indique que l'ouvrier ne doit pas se contenter de plonger dans l'eau l'angle de la palette ou du fer, mais la palette ou le fer entier.

Fig. 29. *Billot* contre lequel l'ouvrier appuie son volume pour pousser les palettes, les lettres et les fleurons sur le dos ; il a été décrit page 243.

Fig. 3o. Brosse ronde pour nettoyer les fers de toute espèce ; elle est décrite page 244.

Fig. 3i. Roulette ordinaire montée dans son fût particulier. Le fût *a* est en fer, il est fait en fourche à une de ses extrémités pour recevoir la roulette *b* qui y est fixée par une cheville qui la traverse, ainsi que les deux branches de la fourchette ; cette cheville est à frottement dur dans les deux branches de la fourchette, et libre dans le trou de la roulette, qui peut tourner facilement sur son axe et contre les deux joues de la fourchette. L'autre extrémité du fût est pointue et s'engage solidement dans le manche *c* qui, pour plus de solidité, est cerclé en fer. Les roulettes sont gravées sur leur circonférence convexe.

Comme le doreur emploie beaucoup de roulettes différentes, et qu'il était embarrassant de les avoir toutes montées séparément chacune sur un fût particulier, on a imaginé un fût commun qui pût les recevoir toutes avec promptitude et facilité ; alors on conserve toutes les roulettes en garenne dans une boîte, et l'on ne monte sur ce fût que celle dont on a besoin sur-le-champ. C'est un instrument ingénieux que nous allons décrire.

Fig. 32 et 33. La *fig*. 32 montre une roulette *b* montée sur le fût commun *a* ; on voit en *c* une partie du manche. — La *fig*. 33 indique les détails de cette machine. La partie inférieure *a* du fût porte la jumelle *b* et une traverse *c*. Ces trois pièces sont invariablement unies ensemble et ne forment qu'un seul corps. La traverse *c* entre dans une mortaise pratiquée dans le bas de la jumelle *d*, qui, lorsqu'elle est rapprochée au point nécessaire pour laisser à la roulette la liberté de rouler, est fixée par la petite vis à oreilles *e* qui est taraudée dans l'épaisseur de la jumelle *d*. Dans cette construction l'axe de la roulette entre à frottement dur dans la roulette qui tourne librement dans les trous des deux jumelles *b* et *d*. Il est par conséquent nécessaire d'avoir autant d'axes que de roulettes ; cependant il serait facile de n'avoir qu'un seul axe commun, en lui donnant deux oreilles comme à la petite vis *e*, le faisant entrer à vis dans la jumelle *b*, faisant tout le reste de la tige cylindrique et uni, cette partie traverserait librement la roulette, et son extrémité entrerait juste dans le trou de la jumelle *d*. On sent que

24

cette construction serait encore plus commode, et les roulettes n'occuperaient pas autant de place dans la boîte destinée à les recevoir en garenne.

Fig. 34. *Billot* à dorer les bords. (*Voyez* page 244.) L'ouvrier présente le volume par les bords, tout près de l'angle *a*; il appuie la roulette contre cet angle, qui lui sert de règle pour ne pas s'écarter de l'épaisseur du carton.

Fig. 35 et 36. La première de ces figures représente le composteur, la seconde représente la casse; l'une et l'autre sont décrites au §. III de cette Section. (*Voyez* page 258.)

Fig. 37. *Cloche à l'or :* c'est un vase en grès fermé par un couvercle en carton, concave par sa partie supérieure, sur laquelle on dépose les petits chiffons et le coton en rame dont on se sert pendant le travail de la dorure, et dans laquelle on conserve les mêmes chiffons jusqu'à ce qu'ils soient suffisamment chargés d'or, alors on les jette dans la barrique. Cette cloche peut encore servir à brûler les chiffons.

Fig. 38. *Palette* à pousser les coiffes. On voit qu'elle est arrondie et en forme de segment de cône creux, elle est gravée en portions de rayons, se dirigeant vers le sommet du cône dont elle serait supposée faire partie.

Fig. 45. Exemple des ornemens qu'on place sur le dos et sur les plats d'un volume : nous allons entrer dans quelques détails.

Ce volume est couvert en maroquin violet; le relieur a eu l'intention de rapporter sur le dos des morceaux de maroquin d'une couleur différente du fond, pour les dorer ensuite de la manière que nous l'avons expliqué, au §. II p. 247. Il a choisi d'abord les couleurs rouge, jaune et vert qui tranchent le mieux sur le violet. Les sept bandes *a*, *a*, *a*, *a*, *a*, *a*, *a*, sont en rouge, et il a poussé sur chacune la même palette, ornée de fleurons. Aux points *b*, *b*, *b* il a posé du maroquin vert sur lequel il a poussé la même palette, différente de la première; il a placé au-dessus et au-dessous de ces palettes à fleurons, et comme pour les encadrer, d'autres palettes à filets tremblés ou à perles, après avoir poussé les palettes de coiffe dont on aperçoit une partie en *c*, *c*.

Le titre *e* est sur un fond rouge ; le second titre est mieux de la couleur du fond, ne pouvant pas être en rouge puisque les nerfs sont de cette couleur : on pourrait le mettre en jaune.

Les fleurons *d, d* des entre-nerfs du haut et du bas sont les mêmes ; celui du milieu est à fleurons formés par la combinaison de deux fers. (*Voyez* §. V, page 266.)

Pour les plats. On y distingue deux parties, le cadre et le milieu ; les coins sont formés d'un seul coup par une plaque gravée exprès, qui comprend les coins proprement dits, à l'exception des filets. Ces coins se poussent à la presse, comme nous l'avons dit page 253 ; les filets se poussent avec des roulettes.

Le milieu est aussi formé d'un seul coup par une plaque gravée exprès, portant tous les dessins qu'on y remarque : ce milieu se pousse à la presse comme les coins.

Le goût du relieur a été de pousser ces do-rures sur le fond violet, ce qui fait très bien ; mais il aurait pu rapporter différentes cou-leurs sur le plat, par exemple, rien ne l'em-pêchait de faire le cadre entier jusqu'au filet intérieur, en maroquin jaune, ou bien le rec-tangle du milieu en jaune, ou simplement les coins en vert ou en jaune, ou seulement le fleuron du milieu en entier de l'une de ces couleurs. Il pouvait de même varier les couleurs du fleuron du milieu, faire, par exemple, tout le cercle en rouge, les fleurons du haut et du bas en vert, et le champ qui entoure le cercle et les fleurons en violet, et le fond des filets qui entourent toute la pièce et qui en forment le cadre en jaune. On voit avec quelle facilité on peut varier les ornemens en combinant bien les couleurs ; il ne faut que du goût, du temps et de la patience.

Les *fig.* 47, 48, 49, 50, 51 et 52 sont des fers détachés avec lesquels le doreur est parvenu à former le grand fleuron *fig.* 46, ainsi qu'il a été expliqué au §. V, de la combinaison des fers, page 264.

Les *fig.* 54 et 55 sont encore un exemple des fers détachés qui ont servi à former le grand fleuron, *fig.* 53, moins compliqué que le précédent. (*Voyez* §. V, page 263.)

La *fig.* 56 montre le dessin d'un grand fleuron d'une seule pièce qui pouvait être formé de plusieurs petits fers détachés.

La *fig.* 57 représente encore un fleuron d'une seule pièce ; il sert pour pousser les coins d'un seul coup, et pourrait être employé à former des fleurons plus grands, soit en le répétant, soit en le combinant avec d'autres, comme nous l'avons expliqué au §. V, p. 266.

Plaques ou fers pour la gaufrure.

La *fig.* 58 présente le dessin d'un coin pour placer sur un grand volume; il est d'une seule pièce et se répète quatre fois sur chaque plat.

La *fig.* 59 est le modèle du dessin d'une plaque qui se pose sur le milieu du plat, entre les quatre coins.

La *fig.* 60 est le dessin d'une plaque gravée exprès pour remplir tout le plat d'une couverture. Tous ces fers se poussent à la presse.

Nous pensons qu'il serait inutile de multiplier davantage les exemples et les figures; ceux que nous avons donnés suffiront à l'artiste et à l'amateur intelligens, qui pourront varier les fers à l'infini, pour peu que le goût préside à leur choix.

La *fig.* 61 représente la rosace dont nous avons parlé page 175. Les feuilles $a, b, c,$ $d, e, f,$ peuvent être d'une même couleur différente du fond, ou chacune d'une couleur différente, ou bien d'une même couleur deux à deux, diamétralement opposées. Le cercle du milieu peut être encore d'une autre couleur, de même que le grand cercle *m*, *m*, qui sert de fond à la rosace, qui peut être ou le fond du plat du livre, ou d'une couleur différente. En suivant les procédés que nous avons décrits pages 175 et suivantes, on verra que lorsqu'on poussera le fer ou la plaque qui porte cette rosace, les traits qui resteront dorés couvriront toutes les jointures des pièces rapportées pour former cet ornement.

La *figure* 62 indique une autre rosace dans le genre de celle qui est représentée *fig.* 61, avec la différence seulement qu'elle n'a pas de petit cercle au centre. On l'exécute de la même manière que nous l'avons expliqué pour la *fig.* 61.

DIXIÈME SECTION.

DES MOYENS D'ENLEVER LES TACHES QU'ON RENCONTRE SUR LES PAPIERS, LES LIVRES, LES ESTAMPES, etc.

On rencontre souvent des volumes couverts de certaines taches très désagréables, qui fatiguent l'œil de celui qui est jaloux de la propreté, et un relieur ne doit pas ignorer l'art de les faire disparaître. C'est pour prévenir les inconvéniens qui résultent de cette négligence, ou de l'ignorance de quelques uns d'entre eux que nous allons leur indiquer les meilleurs moyens pour y parvenir. Il n'y a pas long-temps que nous avions donné quelques volumes précieux à relier à un bon ouvrier de la Capitale, nous lui avions indiqué quelques feuilles tachées d'encre, en lui recommandant de les enlever, et lui offrant de lui indiquer les procédés ; il refusa notre offre, en nous disant qu'il connaissait les moyens ; cependant il n'en a enlevé aucune, et ce qui n'eût donné

aucune peine pendant que le volume était décousu, va nous en donner beaucoup pour les
enlever sans gâter la reliure. Peut-on faire
preuve d'une si grande négligence?

Nous croyons rendre service à nos lecteurs
et surtout aux relieurs, en leur indiquant des
procédés simples et de facile exécution, pour
enlever de dessus les livres, les papiers ou les
estampes, des taches qui les déparent, en ren-
dant au papier sa beauté primitive, dans tous
les cas où cela est possible, sans altérer l'écriture dont il est couvert.

La blancheur du papier s'altère de deux manières différentes, ou par la vétusté, surtout
lorsqu'il est exposé au grand air et à la poussière, comme les cartes géographiques, qui
ne sont pas ordinairement sous verre; ou par
des taches d'huile, de graisse ou d'encre. Dans
le premier cas, le papier devient roux, il prend
une teinte plus ou moins jaunâtre, il est
comme enfumé; dans le second cas, tout le
monde connaît l'impression désagréable que
causent les trois sortes de taches que nous
avons signalées.

Nous diviserons cette Section en trois para-
graphes : dans le premier, nous décrirons les

moyens que plusieurs savans ont donnés pour blanchir le papier ; dans le second, nous ferons connaître les procédés qu'on a indiqués pour enlever les taches d'encre, d'huile ou de graisse ; dans le troisième, nous rendrons familières les manipulations que nous avons souvent mises en pratique.

§. Ier. *Des moyens de blanchir le papier jauni par la vétusté.*

Les papiers écrits sont ou manuscrits ou imprimés : nous ne connaissons aucun moyen assuré pour enlever sur les manuscrits la teinte jaunâtre que la vétusté leur communique ; l'on s'apercevra que les procédés que nous ferons connaître pour blanchir les papiers imprimés, tendent tous, ou à faire disparaître l'encre ordinaire, ou à la dissoudre de manière à former sur le papier des nuances partielles plus désagréables que n'était, avant l'opération, la couleur jaunâtre dont il était teint.

Le seul moyen qui nous a quelquefois réussi, c'est le *soufrage*. Nous disons quelquefois, car il nous est souvent arrivé, ou qu'il a été impuissant, ou qu'il a affaibli considérablement la teinte de l'encre, quoique nous ayons opéré de la même manière et avec les mêmes précautions. (*Voyez*, au Vocabulaire, le mot *soufrage.*)

Quant au papier blanc ou au papier imprimé, soit livres, estampes ou cartes géographiques, le procédé est certain; il a été donné par M. le comte Chaptal. Voici comment s'exprime ce savant :

« On commence par découdre les livres et les mettre en feuilles; on place ces feuilles dans des cases qu'on a pratiquées dans un baquet de plomb, avec des liteaux très minces, à tel point que les feuilles posées à plat ne sont séparées l'une de l'autre que par des intervalles à peine sensibles : on verse ensuite de l'acide muriatique oxigéné (*chlore*), en le faisant tomber sur les parois du baquet, pour que les feuilles ne soient pas dérangées; et lorsque l'opération est faite, on soutire l'acide par un robinet placé dans le fond du baquet; l'on remplace cette liqueur par de l'eau fraîche qu'on renouvelle à plusieurs reprises, pour laver le papier et le priver de l'odeur de l'acide ; on le met ensuite sécher, on le satine et on le relie. J'ai rétabli, continue M. Chaptal, plusieurs ouvrages précieux qui n'avaient plus de valeur par le mauvais état où ils se trouvaient.

« On peut encore poser les feuilles verticalement dans le baquet, et cette position présente quelque avantage, en ce que les feuilles se déchirent moins facilement ; et, à cet effet, j'ai fait construire un cadre en bois, que j'assujettis à la hauteur que je crois convenable, d'après la hauteur même des fenilles que je veux faire blanchir. Ce cadre soutient des liteaux de bois très minces, qui ne laissent entre eux qu'un intervalle de demi-ligne ; je place deux feuilles dans chacun de ces intervalles, et je les assujettis avec deux petits coins de bois, que j'enfonce entre les liteaux, et qui pressent les feuilles contre ces mêmes liteaux. Je donne la préférence à ce procédé, avec d'autant plus de raison, que lorsque l'opération est faite, j'enlève le cadre avec les feuilles, et je les plonge dans l'eau fraîche.

« Par cette opération, non seulement les livres sont rétablis, mais le papier en reçoit un degré de blancheur qu'il n'a jamais eu. Cet acide a encore le précieux avantage de faire disparaître les taches d'encre, qui, trop souvent, déprécient les livres et les estampes.

Cette liqueur n'attaque point les taches d'huile ou de graisse; mais on sait depuis long-temps qu'une légère dissolution de potasse (*alcali caustique*) est un sûr moyen d'enlever ces marques. (*Voyez* ce mot au Vocabulaire.)

« Lorsque j'ai eu à réparer des estampes si délabrées qu'elles ne présentaient que des lambeaux collés et rapportés sur un papier, j'ai craint de perdre ces fragmens dans la liqueur, parce que le papier se décolle; et, dans ce cas, j'ai la précaution de rouler l'estampe, de l'enfoncer dans un grand bocal cylindrique en verre, que je renverse sur une soucoupe dans laquelle j'ai mis le mélange convenable pour dégager du *chlore* ou *gaz acide muriatique oxigéné* : cette substance remplit l'intérieur du bocal, et réagit sur l'estampe, en dévore la crasse, détruit les taches d'encre, et les fragmens restent collés en conservant leurs positions respectives. »(*Voyez*, au Vocabulaire, le mot *chlore.*)

Les gravures et les dessins à trois crayons se restaurent complétement par le secours du même agent; la gravure jaunie par la vieillesse se reblanchit parfaitement et reçoit une seconde existence. Les traces de vétusté dispa-

raissent, et les livres, grâce à cet art répara-
teur, reprennent la vigueur, l'éclat et la fraîcheur qu'ils possédaient dans des siècles recu-
lés; et pour la première fois, dans cette partie,
le temps se trouve obligé de recommencer les
ruines dont il avait marqué son passage.

Nous pourrions encore indiquer des procédés qu'on a long-temps employés, tels qu'une
légère lessive ou la poussière impalpable des os
de mouton calcinés, proposés par M. Papillon,
dans son *Traité pratique de la gravure en bois;*
mais tous ces moyens ne valent pas celui qui
nous a été indiqué par M. le comte Chaptal,
ainsi nous n'en proposerons pas d'autre. Dans
le troisième paragaphe nous ferons connaître
les précautions à prendre pour opérer sûre-
ment, et nous proposerons le *chlorure de
chaux liquide*, qui a été essayé dernièrement
par M. Chevallier, pharmacien, pour blanchir les papiers jaunis par la vétusté; cette
substance est de beaucoup préférable au *chlore*,
et détruit moins le papier.

§. II. *Des moyens d'enlever les taches d'encre, d'huile et de graisse sur le papier.*

Nous venons de dire que le *chlore* ou acide muriatique oxigéné enlève parfaitement les taches d'encre sans avoir recours à d'autres agens, et nous nous bornerions à proposer celui-là si le papier avait en même temps besoin d'être blanchi, parce que la même opération remplit les deux buts à la fois; mais comme il arrive souvent qu'on fait des taches d'encre sur des livres ou sur des estampes dont le papier est suffisamment blanc, il nous paraît important d'indiquer les moyens de les faire disparaître sans découdre le volume.

Presque tous les acides enlèvent les taches d'encre sur le papier; mais il faut choisir de préférence ceux qui attaquent le moins son tissu. L'*acide muriatique*, étendu de cinq à six fois son poids d'eau, peut être appliqué avec succès sur la tache; on la lave au bout d'une ou deux minutes, et on répète l'application jusqu'à ce que la tache ait disparu. Les acides végétaux font courir moins de risques et sont aussi efficaces. On fait dissoudre dans l'eau de *l'acide oxalique*, ou de *l'acide nitri-*

que, ou de *l'acide tartrique*; on applique de cette solution sur le papier et sur les estampes sans crainte de les gâter. Ces acides feront disparaître l'encre à écrire, mais non celle d'imprimerie : ainsi on peut employer ces acides pour remettre à neuf les livres dont les marges seraient chargées d'écriture, sans attaquer le texte. On trouve ces acides dans les bonnes pharmacies.

Il arrive quelquefois que le papier est sali par des taches de rouille; on les enlève en leur appliquant d'abord une solution de *sulfure alcalin*, qu'on lave bien ensuite, puis une solution d'*acide oxalique*. Dans ce cas, le sulfure enlève au fer une partie de son oxigène, et le rend soluble dans les acides affaiblis.

M. John Imison, mécanicien anglais plein de génie, dans un ouvrage qui a eu le plus grand succès en Angleterre, et qu'il a intitulé l'*École des arts*, a donné un procédé d'une facile exécution pour enlever les taches de graisse sur les livres, les estampes et le papier, le voici. Après avoir légèrement chauffé le papier taché de graisse, de cire, d'huile, ou de tout autre corps gras, ôtez le plus que vous pourrez de cette graisse avec le papier brouillard ; trempez ensuite un pinceau dans l'huile de térébenthine presque bouillante (car froide elle n'agit que faiblement), et promenez-le doucement des deux côtés du papier, qu'il faut maintenir chaud : on doit répéter le procédé autant que la quantité de graisse ou l'épaisseur du papier l'exige. Lorsque la graisse a disparu, on a recours au procédé suivant, pour rendre au papier, en cet endroit, sa première blancheur. On trempe un autre pinceau dans l'esprit de vin très rectifié, et on le promène de même sur la tache, et surtout vers ses bords, pour enlever tout ce qui peut paraître encore. Si l'on emploie ces procédés avec adresse et précaution, la tache disparaîtra totalement, le papier reprendra sa première blancheur ; et si la partie du papier sur laquelle on a travaillé était écrite ou imprimée, les caractères n'en souffriront nullement.

Une faible dissolution de potasse ou de soude caustique enlève avec facilité les taches huileuses ou graisseuses sur les papiers, les estampes, les livres ; mais il faut que ces derniers soient en feuilles, sans cela on aurait beaucoup de peine à les dégraisser parfaitement, et l'opération ne se ferait jamais avec propreté. Nous allons indiquer dans le paragraphe suivant les manipulations que ce procédé nécessite. Il nous suffira de dire que la dissolution de potasse ou de soude doit marquer un degré et demi à l'aréomètre de Baumé. Le procédé de M. Imison doit être préféré lorsque les taches ne sont pas considérables, et qu'on peut les enlever sans découdre le volume.

§. III. *Des manipulations que nécessitent les procédés que nous venons de décrire.*

Du soufrage. Le gaz acide sulfureux détruit promptement la couleur jaunâtre que la vétusté donne au papier ; les manuscrits jaunissent encore plus promptement que les livres imprimés, et ils ne sont pas susceptibles de soutenir l'épreuve du gaz acide muriatique oxigéné, qui n'attaque pas l'encre d'imprimerie, mais qui enlève entièrement l'encre à écrire.

Soit que l'on opère dans une petite chambre semblable à celles dans lesquelles on soufre les étoffes de laine ou de soie, lorsqu'on a une grande quantité de papier à blanchir, soit qu'on se serve d'une grande caisse imperméable au gaz sulfureux, lorsqu'on agit sur une petite quantité, on tend à une hauteur convenable une infinité de petites cordes très rapprochées ; on y place les feuilles de papier comme le pratiquent les papetiers ou les imprimeurs pour faire sécher leurs feuilles. On pratique à l'une et à l'autre deux ouvertures opposées, que l'on garnira chacune d'un verre à vitre solidement mastiqué tout autour, afin de voir dans l'intérieur les progrès de l'opération, pour ne pas dépasser l'instant où le papier est suffisamment blanchi. Il ne faut pas faire l'ignition du soufre dans la chambre ou dans la caisse, on courrait les risques de noircir le papier ; il vaut mieux avoir un petit fourneau qu'on place à côté de la chambre, en dehors, et on dirige par un tuyau en bois ou en grès la vapeur sulfureuse dans le soufroir. On fait tomber le soufre petit à petit sur une plaque de tôle placée au-dessus du feu ; il faut que toutes les jointures soient bien lutées, afin que le gaz acide sulfureux ne se répande pas au-dehors, ce qui incommoderait beaucoup.

Du chlore ou gaz acide muriatique oxigéné. Le même appareil qui sert pour le *soufrage* peut être employé pour les opérations dans lesquelles on fait usage de cet acide à l'état de gaz. Après avoir disposé le papier mouillé sur les petites cordes, on met dans une tasse de porcelaine une cuillerée à bouche *d'acide muriatique* ordinaire (*esprit de sel* du commerce), et l'on y ajoute environ une cuillerée à café de *manganèse* pulvérisé, que l'on se procure chez les épiciers-droguistes. On met cette tasse dans un bol rempli d'eau chaude, que l'on place dans le petit fourneau sur de la braise pour maintenir la chaleur ; il se dégage une assez grande quantité de gaz pour que la caisse en soit bientôt remplie : au bout de quelque temps le papier imprimé ou les estampes sont suffisamment blanchis.

De la dissolution d'alcali caustique. L'alcali caustique exige quelques précautions, tant dans sa fabrication que dans son emploi, et il importe que nous les décrivions avec quelques détails.

La soude ou la potasse peuvent indifféremment former l'alcali caustique, mais il importe que l'une et l'autre de ces substances soient assez pures pour qu'elles ne colorent pas l'eau qui doit servir à leur dissolution,

et l'on sent que cette condition est importante
afin que le papier, qui doit sortir très blanc
de cette opération, ne soit pas teint par la
couleur dont l'eau se trouverait imprégnée.
Nous conseillons par conséquent d'employer
les cristaux de soude et le sel de tartre; l'on
peut se procurer facilement l'un et l'autre
chez les épiciers-droguistes. Ces deux substances se trouvent dans le commerce à l'état
de *carbonates*, c'est-à-dire combinées avec
l'acide carbonique; c'est en les privant de cet
acide qu'on leur donne la pureté qu'elles doivent avoir, ou bien qu'on les rend *caustiques*.
Pour y parvenir, on les pile et on les mêle
avec la moitié de leur poids de chaux vive en
poudre. On fait bouillir la lessive, et c'est l'eau
qu'on retire de cette lixiviation, qu'on nomme
dissolution d'alcali caustique. On la garde
dans des flacons bien bouchés, et elle conserve sa causticité tant qu'elle n'est pas en
contact avec l'air atmosphérique, qui lui res-
titue à la longue l'acide carbonique dont on
l'a privée.

Lorsqu'on veut employer cette dissolution,
comme nous l'indiquerons un peu plus bas,
on l'éprouve à l'aréomètre pour les sels, et si

elle donne plus d'un degré et demi, on ajoute une quantité suffisante d'eau pure pour l'amener à ce point.

Du bi-chlorure de chaux. M. Chevallier, pharmacien, fut chargé, par plusieurs personnes, d'enlever sur des feuilles imprimées, sur des gravures, sur des livres, etc., des taches de fumée, d'humidité et même d'encre. Il chercha les meilleurs moyens; il employa successivement le chlore proposé par M. Baget, et l'acide tartrique conseillé par M. Pelletier. Ces procédés, qui réussissent parfaitement, lui semblaient encore longs, et celui de M. Baget surtout est susceptible de nuire à la santé de ceux qui s'en servent.

L'application heureuse, faite par M. Payen au blanchîment des pâtes de papier, lui donna l'idée que le bi-chlorure de chaux à l'état liquide pourrait bien être employé avec succès, soit pour le blanchîment des feuilles imprimées qui, formant un même volume, auraient été tirées sur des papiers de couleur différente, soit au blanchîment des gravures enfumées.

Pour reconnaître si son opinion était fondée, il se procura les gravures les plus sales et les plus rousses qu'il put trouver; il les soumit à l'action du bi-chlorure de chaux liquide. L'auteur resta convaincu que cette solution peut être employée à ce genre de blanchîment avec beaucoup d'avantage, c'est ce qui l'a déterminé à publier le procédé suivant.

On prépare une solution saturée de bi-chlorure de chaux; lorsqu'elle est faite et filtrée, on y plonge la gravure, et on la laisse séjourner dans ce liquide jusqu'à ce qu'elle ait pris une couleur blanche. L'espace de temps est plus ou moins long, suivant que la gravure soumise à l'opération est plus ou moins sale. En cinq minutes des gravures très tachées de fumée et d'humidité ont été ramenées à leur état primitif : on retire la gravure de la solution, et on la lave avec de l'eau claire et à plusieurs reprises.

L'odeur du bi-chlorure de chaux n'étant pas susceptible d'incommoder comme celle du chlore, c'est un grand avantage pour l'opérateur.

*Appareil pour employer le bi-chlorure de chaux
ou la dissolution d'alcali caustique.*

Nous avons imaginé un petit appareil extrêmement commode, et qui peut être employé avec le même avantage, tant pour l'usage de la *dissolution de l'alcali caustique*, que pour celui de la *dissolution du bi-chlorure de chaux*. Voici en quoi consiste cet appareil.

On fait faire une forte planche en bois blanc, plus grande de trois pouces au moins, dans ses deux dimensions, longueur et largeur, que l'estampe la plus grande que l'on veut blanchir. Les parties qui forment cette planche doivent être solidement assemblées, non par des emboîtages, mais par de fortes clés en bois à queue d'aronde; il ne faut pas qu'elles soient ni collées ni mastiquées, parce que l'humidité délaierait la colle, et que la lessive ou le bi-chlorure dissoudrait le mastic ordinaire, et le chargerait de sa partie colorante, qui se déposerait sur le papier et le tacherait. Cette planche est environnée d'un rebord solide en bois blanc de quatre pouces d'élévation; le tout doit être ajusté sans le secours d'aucun métal, au moins intérieurement.

Cette espèce de caisse doit être couverte de lut à la chaux, et il faut surtout en remplir avec soin toutes les fentes, afin qu'elle tienne parfaitement le liquide; on implante tout autour, et près des bords, des chevilles de bois blanc, auxquelles on donne une inclinaison vers la partie extérieure.

Vers un de ses angles est placée une douille en bois blanc pour l'évacuation du liquide; ce tube est fermé par un bon bouchon en liége. Sur une des parois est fixé, intérieurement et verticalement, un tube en bois d'un diamètre suffisant pour recevoir la douille d'un entonnoir en verre. Ce tube ne descend pas tout-à-fait jusque sur le fond intérieur de la boîte. Voilà l'appareil : voici la manière d'opérer.

On place sur le fond de la caisse, une feuille de papier blanc, de la grandeur de l'estampe : on étend l'estampe dessus; ensuite avec du fil blanc, on forme, à l'aide des chevilles, une espèce de filet au-dessus de l'estampe, pour l'empêcher de se soulever pendant l'opération. On verse doucement dans l'entonnoir le liquide, soit *la dissolution d'alcali caustique*, soit *celle du bi-chlorure de chaux*, selon que l'on opère avec l'une ou

26

avec l'autre de ces substances. Le liquide tombe sur la planche, et de là se répand uniformément sur l'estampe, ou sur la feuille qu'on veut blanchir; et qu'il immerge jusqu'à six lignes au moins au-dessus d'elle. On laisse le tout dans le même état jusqu'à ce que l'estampe soit parfaitement dégraissée.

Lorsqu'elle est suffisamment blanchie, on retire le liquide en débouchant la douille, et l'on verse dans l'entonnoir de l'eau pure pour laver l'estampe; on lave à plusieurs eaux, ensuite on retire toute l'eau en inclinant la planche vers la douille, et on laisse sécher l'estampe, après avoir enlevé avec précaution le fil blanc qu'on a posé dessus. On enlève l'estampe avant qu'elle ne soit parfaitement sèche, il faut qu'elle conserve seulement un peu de moiteur pour qu'on puisse la manier sans crainte de l'endommager. On achève de la faire sécher entre deux cartons, à la presse, ou tout au moins sous un fort poids, en plaçant les deux cartons entre deux planches. Alors elle a repris toutes ses qualités primitives, elle est même devenue plus blanche.

On voit qu'à l'aide de cet appareil, l'estampe ne peut recevoir aucune altération ni aucune détérioration ; qu'on ne peut pas la déchirer, de même que les autres papiers que l'on se propose de détacher.

La *lessive caustique* agit beaucoup mieux lorsqu'elle est chaude ; elle a beaucoup d'affinité pour les huiles et les graisses ; elle s'en empare, et forme avec elles un savon qui est soluble dans l'eau, et la tache a disparu.

Le *bi-chlorure de chaux* s'emploie à froid ; il importe seulement qu'il soit bien limpide.

On peut commencer par la *lessive caustique* lorsque le papier est taché par les corps graisseux, et terminer par le *bi-chlorure* pour enlever toutes les nuances que la lessive aurait laissées. Ce qu'il y a de très important, c'est de bien laver, à grande eau, pour ne laisser aucune trace de lessive ou de bi-chlorure.

Nous avons très souvent mis en pratique les procédés que nous venons de décrire ; ils nous ont parfaitement réussi, et nous nous faisons un devoir de les communiquer au lecteur. Nous ne dissimulerons pas cependant qu'il faut un peu d'adresse, et une certaine habitude, pour réussir complétement et avec facilité : il y a toujours, dans les arts, *le petit tour de main* que l'on ne peut pas décrire, et qu'on acquiert facilement en manipulant.

Le procédé de M. Imison, qui est extrêmement précieux, parce qu'il n'oblige pas à découdre les volumes, à moins que la tache ne
soit dans la marge intérieure très près de la
couture, exige plus que les autres une main
exercée ; par exemple, la manière de conserver
à la feuille le degré de chaleur convenable
pendant tout le temps de l'opération, nécessite quelques précautions : nous allons indiquer ce qui nous a le mieux réussi.

Deux feuilles de fer-blanc, soudées l'une
sur l'autre, à une distance de sept à huit millimètres, forment une espèce de boîte que nous
avons fait entièrement remplir de grès en
poudre, avant de faire la dernière soudure.
Cette partie sert de couvercle à une boîte de
fer-blanc qui a deux pouces et demie de profondeur ; une petite lampe à huile, avec une
mèche plate de cinq à six millimètres de large,
allumée dans l'intérieur de la boîte, échauffe
le grès d'une douce chaleur et remplit parfaitement le but : on pose légèrement dessus la
feuille à détacher. Les chaufferettes désignées
sous le nom d'*Augustines*, construites dans le
même genre, produisent le même effet, et

servent à deux usages à la fois ; ces instrumens sont assez connus et trop généralement
répandus, pour ne pas nous croire dispensé
d'en faire la description. Ils sont très commodes pour tenir les pieds chauds.

La mêche, dans cet instrument, ne donne
pas de fumée si l'on a soin de ne pas permettre que la pointe de la flamme s'élève au-
delà de dix millimètres au-dessus du plan
supérieur de la lampe. On obtient cet effet
avec facilité, par une petite crémaillère qui
dirige la mêche, et par un fil de fer de dix
millimètres de longueur, soudé verticalement
sur le plan supérieur de la lampe; la pointe de
la flamme ne doit pas dépasser cette longueur.
A l'aide de ces précautions, ces petites lampes
ne consomment pas pour cinq centimes d'huile
en vingt-quatre heures, et ne donnent absolument pas de la fumée.

Il arrive quelquefois que l'on laisse tomber
de l'encre sur un feuillet d'un volume relié,
et qu'on craint de ne pas enlever proprement
par les moyens que nous avons indiqués,
parce que la tache est près de la couture.
Voici le procédé que nous avons vu employer
avec succès par M. Berthe aîné : cet ingénieux

artiste mouille un gros fil plus long que le volume; il le passe sous le feuillet près de la couture, et le promène dans sa longueur. Le papier d'impression est ordinairement sans colle, il est bientôt humecté dans cette place, il cède facilement au moindre effort; il arrache le feuillet, il lé détache; alors il passe un peu de colle sur son épaisseur, il le replace adroitement au même endroit d'où il l'a enlevé, et la réparation ne paraît pas du tout.

ONZIÈME SECTION.

DE LA RELIURE DE QUELQUES GROS ET GRANDS LIVRES.

Les gros volumes d'église qu'on place sur les lutrins pour servir aux choristes à chanter l'office, et les grands registres de bureaux, présentent quelques différences dans la manière de les relier. Nous devons les faire connaître, afin de ne rien négliger de ce qui peut compléter l'art que nous avons entrepris de décrire.

Tout ce qui précède la couture ne présente aucune différence; on suit la même marche que nous avons indiquée dans le commencement de la quatrième Section, jusqu'au §. V de la Couture (page 57). Comme ces volumes sont extrêmement grands et très lourds, on est obligé, pour les rendre solides, de faire une couture très soignée; ces livres ont besoin de s'ouvrir parfaitement, par conséquent on est obligé de les faire à dos brisé, et par la même raison on doit les coudre à la grèque. C'est ainsi que le font la plupart des relieurs qui ne font guère que cet article.

Cependant nous avons fait observer que la couture à la grèque ne présente pas toute la solidité qu'exigent ces gros volumes; nous conseillons de les coudre sur des forts lacets de soie, ou au moins sur des forts lacets étroits de fil (page 67). On ne devrait pas regarder à une légère dépense de plus pour employer le lacet de soie, le volume en serait incomparablement plus solide.

On couvre les antiphonaires en entier avec du bon veau noir, et les registres de bureau avec du mouton vert chamoisé, le côté de la chair en dehors, quelquefois le dos en parchemin vert ; mais le plus souvent on les couvre en entier avec de la peau verte chamoisée. Nous avons fait observer qu'après *l'endossure*, et au moment de coller la peau sur le dos, on met une carte qui est collée, sur le dos, mais n'est point collée sur le volume, ce qui permet à celui-ci de se détacher du dos pour s'ouvrir parfaitement. Le procédé est ici le même, la seule différence consiste à substituer à la carte une tôle battue, à laquelle on a donné auparavant la forme du dos ; on couvre cette tôle de peau ou de parchemin, comme nous l'avons dit pour la demi-reliure. Il ne faut pas oublier qu'il faut, auparavant, coller solidement sur le dos du volume une forte toile, ainsi que nous l'avons dit à la fin du §. XV, page 112.

On fait la coiffe en tête et en queue en cuivre jaune ou laiton, qu'on attache sur la tôle, après qu'elle est couverte en peau ou en parchemin, avec des petits clous du même métal, dont la tête est en dehors, et que l'on rive par-derrière.

Autrefois on faisait les couvertures en bois ; mais il y a long-temps qu'on a abandonné cette méthode, parce que les vers s'y mettaient, et les feuillets du volume étaient souvent rongés. Aujourd'hui on emploie le carton battu et laminé, dont on colle plusieurs épaisseurs l'une sur l'autre, jusqu'à ce qu'on lui ait donné une consistance suffisante.

On place, à tous les angles, des coins en cuivre jaune ou laiton; lorsqu'on veut donner encore plus de solidité à ces couvertures, on en enchâsse les bords, tout autour, dans de doubles bandes du même métal, ce qui forme un cadre métallique tout autour. Ces bandes se placent d'abord et se fixent avec des clous du même métal, les coins se placent après et couvrent les bouts des bandes ; ces coins sont aussi fixés avec des clous semblables, dont les têtes sont toujours en dehors, et à rivures en dedans. On place encore sur les plats de la couverture, à égale distance des coins, ce qui forme un carré long, quatre plaques carrées qui sont emboîtées dans le milieu, et présentent une bosse demi-sphérique d'un pouce de diamètre. Ces plaques, qui s'appellent *bosses*, se fixent sur les plats comme les angles, par des clous dont la rivure est en dessous. C'est sur ces bosses que ces gros livres reposent et frottent sur le lutrin ; de sorte que la couverture est garantie par elles. Ces bosses servent aussi à arrêter les bandes de cuir garnies de laiton qui servent à tenir le livre fermé, lorsqu'il ne sert pas. (*Voyez* le Vocabulaire au mot *bosses.*)

Les gros registres de bureaux n'ont pas de bandes sur les bords des cartons ; mais ils ont des coins en laiton, unis et sans bosses. Ils sont fixés aux couvertures de la même manière.

L'on voit que par cette construction la tranchefile est inutile, aussi l'a-t-on supprimée ; cependant, pour ne rien laisser à désirer, nous allons indiquer les procédés qu'on employait autrefois pour garantir les dos de ces livres, et pour cela nous transcrivons cet article de l'*Encyclopédie méthodique.*

« La tranchefilure des antiphonaires ne ressemble nullement à celle que nous avons décrite ; elle se divise en simple et en double. On se sert de lanière de peau passée en mégie, qu'on coupe, autant qu'il se peut, assez longue pour pouvoir tranchefiler avec une seule lanière sans être obligé d'en ajouter ; on enfile cette lanière *a* dans une aiguille *b*, *Pl.* 1, *fig.* 40 ; on place le volume dans la presse à tranchefiler qu'on pose devant soi, la gouttière tournée de ce côté. On perce, avec un fort poinçon, le dos de dedans en dehors, et le plus près qu'on peut du mors ; on retire le poinçon, et dans ce même trou on substitue l'aiguille, qu'on fait sortir au point *c* ; on laisse pendre un bout de la lanière en dedans ; on pique, avec le poinçon, un second trou à côté du premier en *d*, on ramène la lanière de *c* en *f*, en lui faisant couvrir le bout qu'on a laissé pendre, et qu'on a rabattu sur le dos en dehors ; on fait entrer son aiguille dans un second trou d, en la faisant sortir de dedans en dehors au point d; on croise l'aiguille sous la première passe c, comme on voit en b, pour lui faire former le nœud ou chaînette c; on ramène la lanière de d en h, pour la faire sortir par le point i; on forme un nouveau nœud ou chaînette, et ainsi jusqu'à ce qu'on soit arrivé à l'autre mors du livre. Alors on fait entrer le bout de la lanière en dedans, et on l'y colle contre le carton. On recouvre les nœuds ou chaînettes, du bout de la lanière qui sort par un mors, embrasse le livre dans l'épaisseur du dos, et est collé en dedans du carton à l'autre mors. »

Toute la différence de la tranchefilure double, consiste dans la seconde chaînette, qui se fait de même que la précédente, mais qui est placée de manière qu'elle touche la tranche des feuillets.

Cette construction n'a plus lieu aujourd'hui parce qu'on les relie à la grèque ; elle serait utile seulement pour soutenir la tête et la queue du volume, et garantir les ornemens du dos, qui s'useraient bien vite par le frottement. Aujourd'hui, depuis qu'on a imaginé les *bosses*, elles soutiennent suffisamment le dos en l'air pour qu'on n'ait plus besoin de ces sortes de tranchefiles, qui, quoi qu'en aient dit les anciens, et quoi qu'en disent quelques modernes, déparaient plutôt le volume qu'elles ne le paraient. Ces ornemens étaient placés après que la reliure était entièrement terminée, le dos doré et poli, de sorte que l'ouvrage était toujours sali avant d'être rendu.

———

DOUZIÈME SECTION.

DU SATINEUR.

Il n'est personne qui ne se soit aperçu que lorsque les feuilles d'un ouvrage sortent de dessous la presse de l'imprimeur, les caractères, par l'action du foulage, ont formé pour chaque lettre un petit enfoncement dans le papier, ce qui occasionne une bosse sur l'autre surface. Le relieur, en battant les feuilles ou les cahiers sur la pierre, à coups de marteau, comme nous l'avons expliqué §. III, page 5o, abat ces petites éminences, mais les brochures qu'on ne faisait pas battre, n'avaient pas cet avantage et ne présentaient pas la même propreté.

Indépendamment de ce que le battage aurait augmenté la dépense de la fabrication, il aurait rendu le volume trop mince, et cela eût été défavorable pour la vente, car le fabricant cherche à faire paraître son volume le plus épais possible, sans augmenter le nombre de feuilles. Pour remplir ce double but, on imagina le *satinage*, et cette opération fut confiée à un ouvrier qu'on nomme *satineur*.

L'opération du satinage est très simple; il suffit de placer chaque feuille de papier, bien étendue, entre deux feuilles de carton mince, très uni et poli; de soumettre le papier à l'action d'une forte presse et de l'y laisser ainsi pendant un espace de temps plus ou moins long, mais qui ne doit pas être moindre de douze heures. Voilà en gros les opérations du *satineur* : entrons dans quelques détails.

Le satinage d'un ouvrage se fait toujours lorsque le papier sorti de dessous les presses, est parfaitement sec; il peut se faire indifféremment avant ou après que les feuilles ont été assemblées, cependant il se fait presque toujours après l'assemblage; 1°. parce qu'il est rare qu'on fasse satiner toute une édition; 2°. parce que si l'on satinait avant l'assemblage, on courrait le risque de satiner des exemplaires qui pourraient n'être pas complets, et ce serait du temps perdu, puisqu'on ne s'apercevrait des feuilles qui manqueraient, qu'après que le travail serait entièrement achevé.

Le satineur reçoit donc les ouvrages après qu'ils ont été assemblés et secs; il place sur sa table, et à sa gauche, les cahiers qui doivent former le volume; il ouvre le premier cahier par le milieu; il place sur sa droite un tas de cartons bien secs; il en prend un qu'il pose devant lui, ensuite il prend de la main gauche une feuille imprimée, il l'étend bien sur le carton, et il pose dessus un second carton; sur celui-ci il pose une autre feuille de papier qu'il étend comme la première, et la couvre d'une autre feuille de carton. Il continue ainsi jusqu'à ce qu'il ait formé un tas assez considérable, mais pas trop lourd pour le porter sur le tablier de la presse sans rien déranger : sur ce tas il en met un autre, tant que la presse peut en contenir, en ayant soin de terminer par un carton. Il couvre le tout de plusieurs planches ou plateaux bien unis et il serre fortement sa presse.

Les bons satineurs emploient la presse hydraulique, qui exerce, comparativement aux presses à vis, une pression beaucoup plus forte.

Ils laissent, comme nous l'avons dit, le tout en presse pendant douze heures, excepté le samedi soir ; ils ne dépressent que le lundi matin.

Après avoir dépressé, ils portent les tas sur la table sur laquelle ils les ont formés ; ils sortent les feuilles l'une après l'autre, en plaçant les cartons sur leur droite, et les feuilles sur leur gauche. Par cet ordre les feuilles se trouvent comme elles étaient en premier lieu, et l'assemblage n'est pas dérangé.

Lorsque l'ouvrage est imprimé depuis peu, et que l'encre est mauvaise ou n'est pas assez sèche, les cartons se trouvent maculés ; et si l'on n'avait pas soin d'enlever les macules, le satineur courrait le risque de maculer les autres feuilles qu'il satinerait à la suite. Pour éviter cet inconvénient, il est obligé de frotter les cartons, à tour de bras, avec du papier non collé.

Le satineur exerce son art non seulement sur les feuilles de papier imprimées ; mais encore sur les gravures en taille-douce, sur les lithographies, sur le papier à dessin, blanc ou de couleur, etc. C'est dans ces diverses opérations que le satinage exige plusieurs considérations différentes.

1°. Les gravures en taille-douce ne demandent et n'exigent pas d'autres précautions que les feuilles imprimées ; les manipulations sont les mêmes, elles se satinent à sec.

2°. Les planches lithographiées sont différentes ; le rateau qui frotte sur la planche pour imprimer la lithographie, tend à allonger le papier dans toute la partie où il frotte, et par conséquent le milieu gaude lorsque les marges sont unies, ce qui produit un mauvais effet. Alors le satineur mouille les bords avec une éponge et de l'eau propre ; le papier des bords s'allonge, il place ainsi les planches mouillées par les bords, entre les cartons, comme il le fait pour les feuilles d'impression à sec, la planche entière en sortant de dessous la presse se trouve également étendue partout.

3°. Les feuilles de papier à dessin sont ordinairement pliées par le milieu ; il s'agit de faire disparaître ce pli et de bien étendre la feuille : pour cela on la mouille bien partout, on la met, comme la feuille lithographiée, entre des cartons épais, lisses mais mats, qui boivent promptement l'eau. On les presse fortement, et lorsque les feuilles sont sèches, on les place entre des cartons polis, et l'on donne une forte pression. Il en est de même pour les lithographies.

Voilà en quoi consistent toutes les opérations du satineur : il nous reste actuellement à décrire son atelier.

Au milieu d'une grande pièce est placée une grande table, large et longue selon l'emplacement ; le long d'un mur sont placées trois ou quatre fortes presses à vis, comme celles du fabricant de papier, et au moins une forte presse hydraulique. Au-dessus de la grande table sont placés deux grands cadres, de douze à quinze pieds de long, sur environ trente pouces de large ; ces cadres sont percés dans leur longueur d'une infinité de trous, à un pouce environ de distance l'un de l'autre ; on passe de fortes ficelles dans ces trous de la manière suivante : on passe la ficelle dans le trou d'en bas, de dedans en dehors, elle est arrêtée là par un fort nœud ; on la passe dans le trou, vis-à-vis, supérieur, de dehors en dedans, et de là dans le trou à côté, du dedans au dehors ; de là on descend à la traverse inférieure, on passe la ficelle dans le second trou, du dehors au dedans, puis dans le troisième, du dedans au dehors, et ainsi de suite en suivant tous les trous. Par ce moyen tout le cadre est rempli de ficelles verticales, à la distance d'un pouce l'une de l'autre. On les tend parfaitement; on en fait autant pour le cadre qui est vis-à-vis, à la distance d'un pied à dix-huit pouces. On a formé ainsi un *casier* qui sert à faire bien sécher les cartons, en en plaçant un entre deux ficelles; ce casier est assez élevé pour qu'on ne puisse pas le toucher avec la tête, et afin qu'il n'embarrasse pas pendant le travail.

Le satineur doit être approvisionné d'un nombre considérable de cartons; plusieurs milliers de chacune des deux espèces dont nous avons parlé lui sont indispensables. Cet art, qui paraît d'une très grande simplicité, exige de grandes connaissances des qualités différentes du papier; chacune de ces qualités exige des précautions qu'il est impossible de décrire, et sur lesquelles on ne peut pas donner de règles générales. Un peu de pratique rend maître à cet égard.

APPENDICE.

Annonce d'une nouvelle découverte faite dans l'art du relieur, et qui consiste à donner une odeur permanente de cuir de Russie à toutes sortes de reliures.

Personne n'ignore que la Société d'Encouragement pour l'industrie nationale, qui s'occupe sans cesse du perfectionnement des arts industriels, proposa, en 1821, un prix de 3000 francs, pour la fabrication du cuir d'œuvre, façon de Russie. MM. *Duval-Duval* et *Grouvelle* reçurent, en 1822, la moitié du prix, la Société se réservant de décerner l'autre moitié l'année suivante, « si la persistance de l'odeur « se trouve constatée par les expériences com- « paratives, auxquelles les échantillons de « cuir seront soumis.

Les échantillons ayant parfaitement conservé leur odeur, la Société décerna à MM. *Duval-Duval* et *Grouvelle* la seconde moitié du prix qu'ils furent reconnus avoir entièrement mérité.

M. *Chevallier*, chimiste distingué, membre de l'Académie royale de Médecine s'est occupé avec succès de recherches sur le même objet. Après plusieurs essais, tous extrêmement satisfaisans, il a communiqué ses procédés à M. *Berthe* aîné, l'un des relieurs les plus renommés de Paris, le même qui nous a instruit de tous les procédés de la reliure. Cet habile ouvrier est parvenu à donner l'odeur de cuir de Russie, non seulement à toute espèce de peaux, quelle que soit la couleur dont elles sont teintes, mais même à la soie et à toute autre substance, sans produire sur elles la moindre tache, pas même la plus légère altération de la nuance. Il a déjà relié plusieurs volumes qui ne laissent rien à désirer. Il en prépare plusieurs autres qu'il se propose de mettre à la prochaine Exposition des produits de l'industrie. C'est en novembre 1826 que les deux premiers volumes ont été confectionnés d'après ce procédé. C'est le 15 janvier 1827 que nous écrivons cet article.

MM. *Chevallier* et *Berthe* aîné sont trop zélés pour le perfectionnement des arts industriels pour chercher à faire secret de leurs découvertes. Leur intention est de publier leurs procédés ; mais ils ont encore besoin de répéter leurs expériences sur une grande quantité de substances afin d'arriver à la perfection, et pour s'assurer de la persistance de l'odeur. Les divers essais qu'ils ont déjà faits leur donnent presque la certitude que cette odeur si recherchée pour éloigner les vers des bibliothéques, sera de plus longue durée que celle des véritables cuirs de Russie, et de tous ceux que l'on a préparés jusqu'à ce jour par des procédés analogues à ceux que ces peuples du Nord emploient.

On sait que le cuir de Russie a été quelquefois en défaut, quoique rarement, pour éloigner les vers qui rongent les livres ; ce défaut n'existera pas, nous avons tout lieu de l'espérer, par le nouveau procédé que ces artistes nous ont communiqué.

Le temps qui va s'écouler d'ici à l'Exposition suffira pour faire tous les essais nécessaires pour assurer sa réussite complète. Après l'Exposition, MM. *Chevallier* et *Berthe* feront connaître leur procédé, et nous en décrirons les diverses manipulations dans *nos Annales*. Ce sera une nouvelle conquête que nous aurons faite sur nos voisins, qui nous refusent même les cuirs qu'ils fabriquent, et auraient voulu nous priver ainsi d'un produit dont notre commerce de librairie tirera un très grand avantage.

VOCABULAIRE.

DES MOTS TECHNIQUES EMPLOYÉS DANS L'ART DU RELIEUR.

AFFINER. Ce mot s'emploie pour indiquer qu'on doit coller sur le carton des feuilles de papier ou parchemin pour lui donner de la fermeté : on dit *affiner le carton.*

ARMES. On donne ce nom à des fers à dorer, ou, pour parler plus correctement, à des plaques sur lesquelles sont gravées en relief des armoiries qui se tirent avec la presse et se placent sur le milieu des plats de la couverture. (*Voyez* page 253.)

AIS. Ce sont en général de petites planches de la grandeur des formats que l'on travaille. Les ais sont de plusieurs sortes ;

1°. *Des ais à endosser;* ils sont de deux espèces, les ais du milieu se nomment *entre-deux;* ils sont plus épais du côté du mors. Les *membrures* se placent aux deux bouts de la pile, ils sont trois fois plus épais que les *entre-deux*, et plus épais du côté du mors ;

2°. *Ais à rabaisser;* c'est une planche de hêtre bien unie, de deux pouces d'épaisseur, de deux pieds de long, et de huit à dix pouces de large. On coupe le carton dessus ;

3º. *Ais à mettre en presse*, d'égale épaisseur et de la grandeur de chaque format ;

4º. *Ais en carton laminé* et en fer-blanc battu ;

5º. *Ais à brunir.* Ceux pour les bouts sont plus épais d'un bout que de l'autre ; ceux pour la gouttière sont plus épais du côté du mors.

ASSEMBLEUR. Dans la librairie on donne le nom *d'assembleur* à l'ouvrier qui classe les feuilles imprimées qui doivent former un volume selon l'ordre des *signatures.*

ASTÉRISQUE. C'est un signe de convention par lequel les imprimeurs marquent les *cartons.* Ce signe est ordinairement une étoile placée à côté de la *signature*, lorsque la page en porte une, ou en place de la signature lorsqu'elle ne doit pas se trouver sur cette page. (*Voyez* page 45.)

BASANE. Peau de mouton tannée que les relieurs emploient pour les reliures communes ; on les prépare aujourd'hui avec tant de perfection, qu'on en trouve qui imitent si bien le veau qu'on y est quelquefois trompé au premier coup d'œil.

BATTÉE. C'est une pincée de feuilles que le relieur prend pour battre avec le marteau sur la pierre ; le nombre de feuilles de chaque *battée* est indéterminé, cependant il est d'autant moindre que l'ouvrage doit être plus soigné.

Bercer. C'est l'action que fait l'ouvrier lorsqu'il prépare son volume pour le rogner du côté de la gouttière ; alors il le balance un peu de droite et de gauche, afin de faire rencontrer le dos vers la gouttière.

Bilboquet. (*Voyez* pag. 238, *fig*. 21. et, pag. 238.)

Billot. (*Voyez* page 275, *fig*. 29, et page 243.)

Billot à dorer les bords. (*Voyez* page 278, *fig*. 34, et page 244.)

Billots cubiques. (*Voyez* page 273, *fig*. 24, et page 238.)

Boîte à l'or. (*Voyez* page 273, *fig*. 25, et page 238.)

Bosses. On donne ce nom à des plaques de laiton, carrées et bombées dans le milieu en demi-sphère, d'un pouce de diamètre. On place quatre de ces bosses sur chaque côté de la couverture des gros antiphoniers ; on les fixe par quatre clous de laiton, dont la tête est en dehors et la rivure en-dessous, cachée par la garde qu'on colle dessus. On distribue ces quatre plaques à égale distance des coins, et en forme de carré long ; elles servent à garantir la couverture et le dos, puisque c'est sur ces bosses que repose le livre ouvert sur le lutrin. Elles servent aussi à accrocher les bandes de cuir qui servent à tenir le livre fermé ; dans ce cas ces bandes sont posées par-dessus les plaques des bosses, et sur l'autre plat les bosses sont surmontées de crochets dans lesquels les bouts des bandes qui portent une lame de laiton, s'accrochent.

Brassée. C'est un terme d'assembleur; il désigne que le tas que l'on prend est plus considérable que celui qu'on désigne par le mot de *poignée*. (*Voyez* page 13.)

Brocheuse. L'on donne ce nom à l'ouvrière qui coud ensemble, selon l'ordre des *signatures*, toutes les feuilles d'un volume, et qui les couvre d'un papier de couleur.

Brosse rude. (*Voyez* page 276, *fig.* 30.)

Brunissoir. (*Voyez* page 273, *fig.* 43 et 44.)

Cambrer. Lorsqu'on termine le volume par la polissure, l'ouvrier passe le fer à polir sur le plat intérieur des cartons, en allant du dos vers la gouttière, afin de leur donner une légère forme convexe qui les force à s'appliquer plus parfaitement sur les feuilles du volume : cela s'appelle *cambrer*.

Camelottes. Nom que les relieurs donnent à des ouvrages peu soignés et mal payés, à des reliures à la grosse.

Carton. Les imprimeurs donnent ce nom à un feuillet qui renferme des fautes importantes, et qu'on réimprime à part afin de le substituer au feuillet défectueux qu'on supprime; ce feuillet est toujours marqué d'un *astérisque*. (*Voyez* page 45.)

Casse. (*Voyez* page 278, *fig.* 36, et page 258.)

CHAÎNETTE. C'est une sorte de boucle que la couturière fait avec le fil qui sert à coudre les cahiers sur les feuilles, ou bien la brocheuse, en les cousant l'un sur l'autre; ces chaînettes se trouvent en tête et en queue de chaque volume. (*Voyez* pag. 40 et 63.)

CHASSE. Terme de relieur; il désigne la partie du carton dont la couverture est formée, qui excède les feuilles du volume en tête et en queue. (*Voyez* page 104.)

CISAILLES. Ce sont de gros ciseaux dont la brocheuse se sert pour enlever le superflu des feuilles, afin de donner plus de grâce à sa brochure. Une des branches de la cisaille est fixée sur le bord de l'établi, et l'autre a une poignée par laquelle on la fait mouvoir.

CLOCHE A L'OR. (*Voyez* page 278, *fig*. 37.)

COLLATIONNER, COLLATIONNEMENT. Cette opération est commune à l'assembleur, à la plieuse, à la brocheuse et au relieur; lorque les feuilles sont réunies on examine si elles sont placées dans l'ordre numérique ou alphabétique des *signatures*, si toutes s'y trouvent, ou s'il n'y a pas de transpositions : on répare toutes ces fautes. (*Voyez* p. 44.)

COMPAS (petit). (*Voyez* page 273, *fig*. 26.)

COMPAS A COUCHER L'OR. (*Voyez* page 273, *fig*. 18, et page 232.)

COMPOSTEUR. (*Voyez* p. 278, *fig*. 35, et p. 258.)

CORPS. (METTRE PAR CORPS). C'est une expression

dont l'assembleur se sert pour désigner qu'il réunit toutes les parties d'un volume ou même de tous les volumes d'un ouvrage. (*Voyez* page 14.)

COUCHOIR en buis. (*Voyez* page 273, *fig.* 22, et page 238.)

COUSOIR DU RELIEUR. Cet instrument a été décrit page 58 et suivantes.

COUSSINET. (*Voyez* page 273, *fig.* 20, et p. 237.)

COUTEAU A REBAISSER OU POINTE. (*Voyez* p. 271, *fig.* 14.)

DÉFETS. Ce sont les feuilles qui restent des ouvrages incomplets, après que l'assembleur a réuni tous les volumes complets d'une même édition. (*Voyez* page 12.)

DOREUR SUR CUIRS. C'est l'ouvrier qui dore les plats et le dos des volumes. (*Voyez* la Huitième Section, page 229 et suivantes.)

DOREUR SUR TRANCHES. C'est l'ouvrier qui ne s'occupe que de la dorure de la tranche des volumes. (*Voyez* page 230 et suivantes.)

ENCARTATION, ENCARTER, ENCART. Ce sont des termes de brocheuse que nous avons longuement expliqués page 19 et suivantes.

EQUERRE A REBORDS. C'est un outil très-commode dont nous avons donné une description très étendue avec figure à la page 88. (*Voyez* Neuvième Section, page 272, *fig.* 39.)

ÉTENDOIR OU FERLET. C'est un outil commun à l'asssembleur et à tous ceux qui sont obligés de faire sécher du papier sur des cordes. C'est un long liteau en bois, surmonté par un bout d'une traverse d'un pied environ de longueur, assemblé dans le manche à tenons et mortaises. On s'en sert pour porter la feuille sur la corde, et pour l'enlever lorsqu'elle est sèche.

FERLET OU ÉTENDOIR. (*Voyez* ÉTENDOIR.)

FERS. Le relieur donne le nom de fers à des instrumens de bronze qui servent à imprimer divers ornemens sur la couverture des livres. On leur donne des noms différens, selon les places où on les applique. On les appelle *fers à dos*, *fers à écussons*, *fers à armes*, *palettes*, *roulettes*, etc.

FEUILLETON, *mettre le feuilleton en dehors*. C'est une expression dont se sert la brocheuse. (*Voyez* page 25.)

FOUETTER ET DÉFOUETTER. *Fouetter*, c'est serrer le volume, couvert, avec des ficelles appelées *fouet*, entre deux ais, afin de bien marquer les nerfs. *Défouetter*, c'est enlever les ficelles. (*Voyez* page 129, et Neuvième Section, page 272, *fig.* 14 (*bis.*)

FOURNEAU DU DOREUR. (*Voyez* page 273, *fig.* 27.)

FUSIL (*Voyez* page 272, *fig.* 42.)

FUT A ROGNER. (*Voyez* Neuvième Section, page 268, *fig.* 3, 4, 6 et 8.)

GARDE. C'est une feuille de papier que l'on place au commencement et à la fin du volume pour garantir le premier et le dernier feuillet. La feuille est quelquefois pliée en deux, chacune de la grandeur du format; d'autres fois elle est pliée au tiers et quelquefois moins dans la brochure; mais toujours de manière que le grand morceau soit de la grandeur du format. (*Voyez* page 57 et suivantes. *Voyez* aussi page 38.)

GOUTTIÈRE. C'est le côté du volume opposé au dos. (*Voyez* page 96.)

GRATTOIR. C'est un instrument du relieur que nous avons décrit page 78; c'est une espèce de ciseau armé de dents, qui sert à gratter le dos pour faire entrer la colle entre les cahiers.

GRATTOIR DU DOREUR. (*Voyez* p. 272, *fig.* 41.)

HUILIER. (*Voyez* page 273, *fig.* 16, et page 236.)

JASPER, JASPURE. *Jasper*, c'est peindre la tranche ou la couverture d'un livre en couleur de jaspe. La *jaspure* est le nom de ce genre de peinture.

JUSTIFICATION. On désigne par ce mot la longueur des lignes, et la grandeur des pages prises et arrêtées selon le format.

LIGNE DE PIED. La ligne qui se trouve au bas de la première page de chaque feuille d'impression qui forme un cahier, et sur laquelle est placée la *signature*, quelquefois le titre de l'ouvrage, avec la désignation du tome, se nomme *ligne de pied*.

Maculature. On donne ce nom à des feuilles de papier qui ont servi à recevoir l'excédant d'encre d'impression, et dont on se sert ensuite pour enveloppe.

Maculer. Se dit d'une impression trop chargée d'encre, ou faite avec une encre trop faible, ou qui n'est pas encore assez sèche lorsque l'ouvrier bat les cahiers. Alors cette encre dépose sur la page adjacente, et l'on dit qu'elle *macule*, c'est-à-dire qu'elle marque sur le papier blanc.

Marbreur sur tranches. C'est l'ouvrier qui s'occupe de l'art de marbrer les tranches des livres, le papier, etc. (*Voyez* Septième Section, page 220.)

Marteau (petit). (*Voyez* Neuvième Section, page 270, *fig*. 9, et page 75).

Membrures. Ais qui servent à l'endossement des livres. Ils sont plus épais que les ais. (*Voyez* Ais). Il y en a qui sont couverts d'une bande de fer. (*Voyez fig*. 11, Neuvième Section, page 271 et page 82.)

Mettre par corps. Terme d'assembleur. (*Voyez* Corps.)

Moulinet et contre-moulinet. A la page 55 nous avons décrit le *moulinet*, il ne nous reste qu'à décrire le *contre-moulinet*. C'est un cylindre en bois d'un pied de long, de huit à dix pouces de diamètre, monté sur un axe en fer, lequel est porté par deux fortes pates en fer solidement scellées dans le mur. Le *contre-moulinet* est fixé contre le mur opposé au moulinet. Lorsque la presse a été fortement serrée à l'aide du moulinet, il serait difficile de la desserrer à bras, et l'on ne pourrait pas employer directement le moulinet ; pour y parvenir, on enveloppe la corde. du moulinet sur le cylindre du contre-moulinet, et, par son extrémité, on lui fait embrasser le bout de la barre ; alors, en tournant le moulinet , on fait lâcher la vis avec beaucoup de facilité.

Nerfs. On nomme ainsi les ficelles sur lesquelles on coud les cahiers des volumes, et qui forment de petites éminences dans l'espèce de reliure qu'on désigne sous le nom de *reliure à nerfs*. L'espace compris entre deux de ces ficelles s'appelle *entre-nerfs*. La reliûre dans laquelle ces nerfs ne sont pas apparens se nomme *reliure à la grèque*.

Nez. Lorsqu'en cousant un volume, l'ouvrière n'a pas soin de tenir la tête de tous les cahiers dans une ligne parfaitement verticale, et qu'au contraire ils présentent une ligne oblique à l'horizon, alors le volume présente une pointe, soit vers le commencement, soit vers la fin. Cette pointe se désigne sous le nom de *nez* ; c'est un grand défaut qui ne peut pas se corriger, même à la rognure, sans tomber dans un défaut plus grand, qui consiste en ce que les marges de la tête vont toujours en diminuant de largeur.

Noeud de tisserand. Ce nœud est généralement

connu. On prend les deux bouts du fil qu'on veut nouer, l'un de la main droite, l'autre de la main gauche, on les croise sur l'index de la main gauche, en plaçant dessous celui qu'on tient de la main droite, et, sans lâcher ce fil, on en entoure le pouce de la main gauche plié; en le faisant passer au-dessus de la première phalange, on vient le passer entre les deux bouts de fil éparpillés entre le pouce et l'index; on lâche la boucle qui était arrêtée sur la phalange du pouce, on passe dans la boucle le bout de fil qu'on tenait d'abord avec la main gauche, on le tient avec le pouce; on pince l'autre bout entre l'ongle de l'index et le dedans du doigt du milieu; on tire le long bout du fil qu'on tenait d'abord avec la main droite; l'on serre bien ce nœud, sans lâcher les deux bouts, le nœud est fait et c'est celui qu'on nomme *nœud de tisserand*.

Noix. On désigne par ce nom les bosses que, par maladresse, le batteur laisse sur les cahiers en battant le volume. (*Voyez* page 54.)

Onglet. C'est une petite bande de papier qu'on laisse à une feuille pour coller un carton dessus. (*Voyez* page 46.)

Palettes. Espèce de fers longs et étroits qui servent pour dorer les nerfs, en appuyant, sans pousser devant soi, comme on le fait avec les roulettes. (*Voyez* page 278, *fig.* 38.)

Pierre a battre. (*Voyez* Neuvième Section, page 268, *fig.* 1.)

PINCEAUX. (*Voyez* p. 273, *fig.* 23, et page 238.)

PINCÉE. Terme d'assembleur, dont il se sert pour exprimer un petit nombre de feuilles, 10 à 12 au plus, quand il assemble à *l'allemande*. (*Voyez* page 11.)

PLIEUSE. C'est l'ouvrière qui plie les feuilles quand elles sont sorties des mains de l'assembleur, pour les livrer à la brocheuse. (*Voyez* Deuxième Section, page 17.

PLIOIR. C'est une espèce de couteau à deux tranchans, en bois, en os ou en ivoire, dont la plieuse se sert pour plier les feuilles.

POINTURES. En termes d'assembleur, de plieuse, de brocheuse et de relieur, ce sont deux trous faits dans la feuille imprimée, par deux pointes de fer, attachées au tympan de la presse de l'imprimeur, et qui servent de repère pour tourner la feuille dans l'opération du retirage; ces trous servent à guider certains plis que doit faire la plieuse.

PRESSE A RÓGNER. (*Voyez* Neuvième Section, page 270, *fig.* 5.)

PRESSE A TRANCHE-FILER. (*Voyez* Neuvième Section, page 271, *fig.* 13.)

RABAISSER (pierre à). C'est une pierre de liais dont la grandeur est à peu près la moitié de la pierre à parer; on frappe sur cette pierre les ficelles qui ont servi à coudre les cartons avec le volume, afin de les faire entrer dans l'épaisseur des cartons, et qu'elles ne paraissent pas, soit dans l'intérieur, soit à l'extérieur de la couverture. On devrait appeler cette pierre, *pierre à abaisser*, puisqu'elle sert à aplatir les ficelles et non pas à les rabaisser ; cependant c'est une expression adoptée par les ouvriers.

RAFFINER LE CARTON. C'est coller du côté du mors, une bande de papier plus ou moins large pour le rendre plus propre et plus dur. (*Voyez* page 73.)

RÉCLAME. C'est un mot qu'on mettait autrefois au bas de la dernière page de chaque cahier. Ce mot était le premier de la page qui commençait le cahier suivant : on n'est plus dans l'usage de mettre des réclames.

ROULETTE. (*Voyez* p. 276, *fig.* 31, 32 et 33.)

RELEVAGE. C'est une expression que l'assembleur emploie pour désigner l'opération par laquelle il retire de dessus la corde les feuilles qu'il y avait placées pour les faire sécher. (*Voyez* page 9.)

RELIEUR. C'est l'ouvrier qui fait toutes les opérations de la reliûre.

SAUVE-GARDE. C'est une bande de papier de la longueur du volume, qu'on plie en deux et qu'on coud avant la garde du commencement, et après la garde de la fin de chaque volume ; elles servent à garantir les gardes : on les enlève avant de terminer la reliure et au moment où l'on va coller les gardes sur les cartons. (*Voyez* page 57.)

Séchage. C'est l'opération qui se fait soit à l'imprimerie, soit chez l'assembleur, pour faire sécher les feuilles imprimées. (*Voyez* page 7.)

Signature. Ce sont ou des lettres capitales, ou des chiffres qu'on met au bas de la première page de chaque cahier, sur la *ligne de pied*, à droite, pour faire reconnaître l'ordre selon lequel on doit placer les cahiers.

Signet. C'est un petit ruban de faveur qu'on colle par un bout sous la tranche-file, et qu'on laisse pendre dans le volume pour pouvoir marquer l'endroit où l'on est resté de sa lecture. (*Voyez* page 103.)

Titre courant. C'est le titre de l'ouvrage qu'on place ordinairement, moitié sur le verso, et moitié sur le recto de chaque page de l'ouvrage, au-dessus du texte, et hors de la *justification*.

Tortiller. C'est l'opération que fait le relieur lorsqu'il veut réunir ou coudre les cartons avec le volume. Après avoir épointé les ficelles, il les mouille avec de la colle, ensuite il les roule sur son tablier avec le plat de la main. Il appelle cela tortiller. (*Voyez* page 71.)

Tranche-file. (*Voyez* Neuvième Section, p. 270, *fig.* 7, et page 107.)

Vase a l'eau. (*Voyez* page 275, *fig.* 28.)

TABLE DES MATIÈRES

DU MANUEL DU RELIEUR.

ERRATA.

Page	ligne	au lieu de	lisez
6o	9 et 24	couseuse	couturière.
6r	23	couseuse	couturière.
7o	8	main	mais.
77	22	l'un eau	l'une au.
89	19	frein	chanfrein.
9r	13	oreille	oreilles.
175	5	§. XVII	§. XX.
18r	16	§. XVIII	§. XXI.
185	r	§. XIX	§. XXII.
187	13	§. XX	§. XXIII.
196	16	§. XXI	§. XXIV.
2or	18	§. XXII	§. XXV.
322	11	quelque soit	quelle que soit

DE L'IMPRIMERIE DE CRAPELET,
rue de Vaugirard, n.° 9.

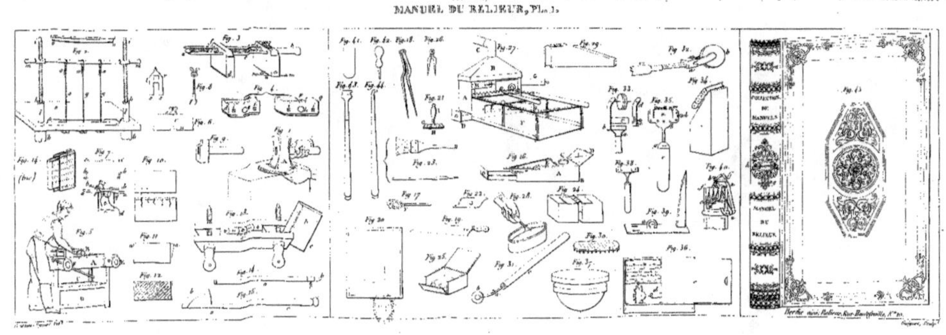

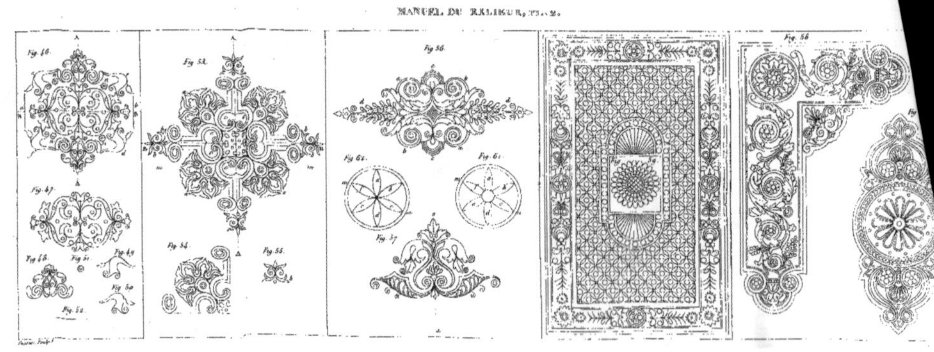